GUOJI JINRONG

国际金融

王光伟 / 编著

苏州大学出版社
Soochow University Press

图书在版编目(CIP)数据

国际金融/王光伟编著. —苏州：苏州大学出版社,2022.3
ISBN 978-7-5672-3903-6

Ⅰ.①国… Ⅱ.①王… Ⅲ.①国际金融 Ⅳ.①F831

中国版本图书馆 CIP 数据核字(2022)第 033841 号

国际金融

王光伟　编著

责任编辑　曹晓晴

苏州大学出版社出版发行
(地址：苏州市十梓街1号　邮编：215006)
苏州市越洋印刷有限公司印装
(地址：苏州市吴中区南官渡路20号　邮编：215104)

开本 787 mm×1 092 mm　1/16　印张 10.5　字数 230 千
2022 年 3 月第 1 版　2022 年 3 月第 1 次印刷
ISBN 978-7-5672-3903-6　定价：38.00 元

图书若有印装错误，本社负责调换
苏州大学出版社营销部　电话：0512-67481020
苏州大学出版社网址　http：//www.sudapress.com
苏州大学出版社邮箱　sdcbs@suda.edu.cn

我国的"国际金融"课程属于宏观金融范畴，主要包括国际收支理论、内外均衡理论、汇率决定理论、国际储备理论、货币危机理论等理论性比较强的部分和国际金融市场、国际货币体系等偏重知识介绍的部分。

本书对上述各部分基本上都进行了必要的论述，但没有专门集中讨论"国际货币体系"，只是分散地在各章节中提及。这主要是因为 70 多年来只有两个国际货币体系，一个是在 1971 年就已结束的"布雷顿森林体系"（金汇兑本位体系），另一个是现行的"牙买加体系"（"没有体系的体系"），内容确实较少，将其看作一个长期存在且较少变化的"背景"即可。

本书作为本科教材对上述诸多问题只能进行基本的探讨，但也还是体现了笔者在多年的教研活动中积累的经验、进行的思考和受到的启示。希望本书对学生能有所教益。

目 录

第一章 汇率与国际收支 ··· 001
  第一节 汇率 ··· 001
    一、外汇 ··· 001
    二、汇率及汇率的种类 ··· 002
    三、汇率制度 ··· 005
  第二节 国际收支与国际收支失衡 ··· 010
    一、国际收支 ··· 010
    二、国际收支平衡表 ··· 011
    三、国际收支平衡和不平衡 ··· 014
    四、国际收支不平衡的原因 ··· 017
  复习思考题 ··· 020

第二章 国际收支调节和内外均衡兼顾 ··· 021
  第一节 国际收支的自动调节机制 ··· 021
    一、货币-价格机制 ··· 021
    二、收入机制 ··· 022
    三、利率机制 ··· 022
  第二节 国际收支的政策调节 ··· 023
    一、需求调节政策 ··· 023
    二、供给调节政策 ··· 024
    三、资金融通政策 ··· 025
    四、政策搭配 ··· 025
  第三节 内外均衡的矛盾及政策搭配调节 ··· 026
    一、米德冲突 ··· 026
    二、经济的开放性与内外均衡 ··· 027

三、内外均衡矛盾的政策调节 …………………………………………………… 028
　　四、内外均衡线与政策搭配 …………………………………………………… 031
复习思考题 ……………………………………………………………………………… 037

第三章　国际收支调节的宏观和微观理论 …………………………………………… 038
第一节　乘数论 ………………………………………………………………………… 038
第二节　吸收论 ………………………………………………………………………… 040
　　一、贬值对 dY 的影响 …………………………………………………………… 041
　　二、贬值对 a 的影响 …………………………………………………………… 041
　　三、贬值对 D 的影响 …………………………………………………………… 041
第三节　货币论 ………………………………………………………………………… 042
　　一、货币论的前提 …………………………………………………………… 042
　　二、货币论的基本理论 ……………………………………………………… 042
　　三、货币论对货币贬值的分析 ……………………………………………… 044
　　四、货币论的政策主张 ……………………………………………………… 044
第四节　结构论 ………………………………………………………………………… 045
　　一、结构论的基本内容 ……………………………………………………… 045
　　二、结构论的政策主张 ……………………………………………………… 046
第五节　国际收支调节的弹性分析 …………………………………………………… 047
　　一、进出口弹性的概念 ……………………………………………………… 047
　　二、弹性理论的应用：马歇尔-勒纳条件 …………………………………… 048
　　三、非水平供给曲线下的进出口弹性 ……………………………………… 051
　　四、汇率变动与国际贸易条件 ……………………………………………… 052
复习思考题 ……………………………………………………………………………… 055

第四章　汇率决定的理论模型 ………………………………………………………… 056
第一节　汇率决定的购买力平价模型 ………………………………………………… 056
　　一、一价定律 ………………………………………………………………… 056
　　二、绝对购买力平价 ………………………………………………………… 057
　　三、相对购买力平价 ………………………………………………………… 057
第二节　汇率决定的货币模型 ………………………………………………………… 058
第三节　汇率决定的利率平价模型 …………………………………………………… 060
　　一、一价定律的局限性 ……………………………………………………… 060
　　二、利率平价理论 …………………………………………………………… 061

  三、利率平价与现实汇率的偏离 ··· 064
 第四节 蒙代尔-弗莱明模型 ··· 065
  一、前提和基本内容 ·· 065
  二、固定汇率制下的货币扩张效应 ··· 066
  三、固定汇率制下的财政扩张效应 ··· 067
 第五节 粘性价格与汇率超调模型 ··· 068
  一、商品价格粘性与要素价格超调 ··· 068
  二、汇率超调过程 ··· 069
 复习思考题 ·· 073

第五章 资产组合平衡模型 ·· 075
 第一节 资产组合平衡模型的前提条件 ···································· 075
 第二节 资产组合平衡模型的均衡过程分析 ···························· 077
  一、货币、本国债券、外国债券市场均衡线 ······························ 077
  二、短期和长期均衡调整过程 ··· 080
 复习思考题 ·· 084

第六章 政府对外汇市场的干预与管制 ······································ 085
 第一节 政府对外汇市场的干预 ··· 085
  一、政府干预外汇市场的目的 ··· 085
  二、政府对外汇市场干预的类型 ·· 086
  三、外汇市场干预的效力分析 ··· 087
  四、政府对外汇市场干预的实践 ·· 090
 第二节 政府对外汇市场的直接管制 ······································ 091
  一、直接管制政策概述 ··· 091
  二、直接管制政策的经济效应分析 ··· 093
 复习思考题 ·· 095

第七章 国际储备问题 ·· 096
 第一节 国际储备的含义与结构 ··· 096
  一、国际储备的含义 ·· 096
  二、国际储备的结构 ·· 096
 第二节 国际储备的作用 ··· 100
 第三节 国际储备的主体——外汇储备及其供需影响因素 ··········· 100

一、外汇储备供给及其影响因素 ··· 101
　　二、外汇储备需求及其影响因素 ··· 101
第四节　国际储备的管理 ··· 103
　　一、储备需求的数量管理 ··· 103
　　二、储备资产的币种管理 ··· 105
复习思考题 ·· 106

第八章　国际金融市场 ··· 107
第一节　国际金融市场概述 ··· 107
　　一、国际货币市场 ·· 107
　　二、国际资本市场 ·· 109
　　三、国际外汇市场 ·· 110
　　四、国际黄金市场 ·· 110
第二节　欧洲货币市场 ·· 113
　　一、欧洲货币市场发展的外部原因 ··· 113
　　二、欧洲货币市场发展的内在优势 ··· 113
　　三、欧洲货币市场的类型和特点 ·· 115
第三节　外国债券市场 ·· 116
复习思考题 ·· 121

第九章　国际金融市场创新 ··· 122
第一节　催生金融创新的因素 ··· 122
　　一、风险需要新的规避和管理工具 ··· 122
　　二、金融自由化放开了创新的手脚 ··· 122
第二节　金融创新的现实逻辑 ··· 123
　　一、金融工具创新 ·· 123
　　二、金融创新的过程 ·· 124
第三节　几种金融创新交易 ·· 127
　　一、金融互换："无中生有"的效益 ·· 127
　　二、利率期权组合：玩弄风险的魔术 ·· 130
第四节　国际金融创新的影响 ··· 132
复习思考题 ·· 141

第十章　国际资金流动与货币危机 ·· 142
第一节　国际资金流动 ··· 142
一、国际资金流动概述 ·· 142
二、国际资金流动的特点 ·· 143
三、国际资金流动高速增长的原因 ·· 144
四、国际资金流动的作用 ·· 145
第二节　货币危机 ··· 146
一、第一代货币危机模型——国际收支危机模型 ······························ 146
二、第二代货币危机模型——预期模型 ······································ 148
三、两代半模型——道德风险模型 ·· 150
四、货币危机的过程与后果 ·· 152
复习思考题 ··· 154

主要参考文献 ·· 155

第一章 汇率与国际收支

第一节 汇率

一、外汇

外汇（Foreign Exchange），是国外汇兑的简称。外汇有广义和狭义之分。

广义的外汇泛指一切以外国货币表示的资产。各国的外汇管理法令中所沿用的便是这一概念，如《中华人民共和国外汇管理条例》规定的外汇具体范围包括：

（1）外币现钞，包括纸币、铸币。

（2）外币支付凭证或者支付工具，包括票据、银行存款凭证、银行卡等。

（3）外币有价证券，包括债券、股票等。

（4）特别提款权。

（5）其他外汇资产。

狭义的外汇是指以外币表示的、可用于国际间结算的支付手段。

按照这一定义，以外币表示的有价证券由于不能直接用于国际间的支付，所以不属于外汇。从这个意义上说，外币现钞也不能算作外汇。外币现钞只有贷记在发行国的银行账户上，才能称作外汇。因此，只有存放在国外银行的外币资金，以及将对银行存款的索取权具体化了的外币票据，才构成外汇。

具体来看，狭义的外汇主要包括以外币表示的银行汇票、支票、银行存款等。而银行存款是狭义外汇的主体：这不仅因为各种外币支付凭证都是对外币存款索取权具体化了的票据，还因为外汇交易主要是运用国外银行的外币存款进行的。

根据可否自由兑换，外汇可分为自由外汇和记账外汇两类。

自由外汇是指无须货币发行国批准，可以随时动用，自由兑换为其他货币，或向第三者办理支付的外汇。作为自由外汇的货币的一个根本特征是可兑换性（Convertibility）。以美元（U.S. Dollar）、欧元（Euro）、英镑（Pound Sterling）、瑞士法郎（Swiss Franc）、日元（Japanese Yen）等主要工业国家货币表示的外汇属于自由外汇，并且它们是世界各国普遍接受的主要支付手段。这类外汇实际上有三个前提条件：

第一，自由兑换性，即这类外汇能自由地兑换成本币。

第二，普遍接受性，即这类外汇在国际经济往来中被各国普遍地接受和使用。

第三，可偿性，即这类外汇资产是可以保证得到偿付的。

记账外汇又称协定外汇或清算外汇，是指未经货币发行国批准，不能自由兑换成其他货币或对第三者进行支付的外汇。记账外汇只能根据两国政府间的清算协定，在双方银行开立专门账户记载使用。

外汇是一个不断发展的概念，各国对外汇范围的理解也存在一定差异。

二、汇率及汇率的种类

所谓汇率（Exchange Rate），是指两种不同货币之间的折算比价，也就是以一种货币表示的另一种货币的相对价格。

汇率的折算方式有两种：

一种是固定外国货币的单位数量，以本国货币表示这一固定数量的外国货币的价格，这可称为直接标价法（Direct Quotation System），即一定单位外国货币值多少本国货币。大多数国家采用这种方法。

另一种是固定本国货币的单位数量，以外国货币表示这一固定数量的本国货币的价格，从而间接地表示出外国货币的本国价格，这可称为间接标价法（Indirect Quotation System），即一定单位本国货币值多少外国货币。英国就采用这种方法。

如果 A 货币是本国货币，B 货币是外国货币，那么

直接标价法下的汇率＝A 货币数量/B 货币单位

间接标价法下的汇率＝B 货币数量/A 货币单位

从上述分析可以看出，在直接标价法下，汇率的数值越大，意味着一定单位的外国货币可以兑换越多的本国货币，也就是本国货币的币值越低；在间接标价法下，这一关系则相反。一国货币币值的提高称为升值（Appreciation or Revaluation），即直接标价法下的汇率下降，间接标价法下的汇率上升；相反，一国货币币值的降低称为贬值（Depreciation or Devaluation），即直接标价法下的汇率上升，间接标价法下的汇率下降。

汇率的种类繁多，在这里，我们选择与理论、政策和货币制度有关的种类进行介绍。

1. 基本汇率和套算汇率

假设有 A、B、C 等多种外币，一国在折算本币汇率时，若先计算出本币与某一种外币（假定为 A 币）之间的汇率，则称本币与 A 币之间的汇率为基本汇率（Basic Rate）。

如果再根据 A 币与 B 币、C 币的汇率折算出本币与 B 币、C 币的比价，则本币与 B 币、C 币之间的汇率称为套算汇率（Cross Rate）。我国在计算人民币汇率时，曾长时间

以美元为媒介来折算人民币与其他外币（英镑、日元等）之间的比价。因此，人民币与美元之间的汇率为基本汇率，而人民币与英镑、日元等之间的汇率为套算汇率。为了避免汇率风险、反映外汇市场汇率波动的实际状况，我国在确定了人民币与美元之间的基本汇率后，按天折算人民币与其他货币的套算汇率。

2. 固定汇率和浮动汇率

固定汇率（Fixed Exchange Rate）是指政府用行政或法律手段选择一个基本参照物，并确定、公布和维持本国货币与该单位参照物之间的固定比价。充当参照物的东西可以是黄金，也可以是某一种外国货币或某一组货币。当一国政府把本国货币固定在某一组货币上时，我们就称该货币钉住在一篮子货币上或钉住在货币篮子上。固定汇率不是永远不能改变的，在经济形势发生较大变化时，就需要对汇率水平进行调整（或升值或贬值）。因此，纸币流通条件下的固定汇率制实际上是一种可调整的固定汇率制，或称为可调整的钉住汇率制（Adjustable Pegging System）。

浮动汇率（Floating Exchange Rate）是指由外汇市场供求关系决定、政府不加任何干预的汇率。

但在当今世界，由于政府具有强大的力量及其对经济生活的干预日益加深，各国的汇率水平也或多或少地受到本国政府的干预和指导。这种有干预的浮动汇率被称为管理浮动汇率（Managed Floating Exchange Rate）。根据干预程度的大小，管理浮动汇率又可分为较大灵活性的管理浮动汇率和较小灵活性的管理浮动汇率。第二次世界大战后至20世纪70年代初期，世界各国的货币采用固定汇率；而在此之后，大部分国家的货币均采用浮动汇率。

3. 单一汇率和复汇率

单一汇率（Single Exchange Rate）是指一种货币（一个国家）只有一种汇率，这种汇率通用于该国所有的国际经贸活动。

复汇率（Multiple Exchange Rate）是指一种货币（一个国家）有两种或两种以上汇率，不同的汇率用于不同的国际经贸活动。复汇率是外汇管制的一种产物，曾被许多国家采用过。双重汇率是指一国同时存在两种汇率，它是复汇率的一种形式。

4. 即期汇率和远期汇率

即期汇率和远期汇率是按时间来划分的。即期汇率（Spot Exchange Rate）是指目前的汇率，用于外汇的现货买卖。

远期汇率（Forward Exchange Rate）是指在将来某一时刻交割的汇率，如1个月后、3个月后或6个月后交割的汇率，用于外汇远期交易和期货买卖。即期汇率与远期汇率通常是不一样的。以某种外汇汇率为例，在直接标价法下，当远期汇率高于即期汇率时，我们称该种外汇的远期汇率为升水（Premium），即远期外汇比现货外汇更贵；反之，当远期汇率低于即期汇率时，我们称该种外汇的远期汇率为贴水（Discount），即远期外汇比现货外汇更便宜；当两者相等时，则称为平价（Par Value）。升水或贴水的幅度为远期汇率与即期汇率之差。

5. 名义汇率和实际汇率

名义汇率（Nominal Exchange Rate）是银行买卖外汇的汇率或一般市场汇率，是指一个国家的货币兑换成另一个国家货币的汇率。它表示一单位某种货币名义上等于多少单位另一种货币，至于所兑换到的另一种货币实际上能购买多少商品和劳务，则未能表示出来。名义汇率通常指名义双边汇率（Nominal Bilateral Exchange Rate），名义双边汇率通常指外汇市场上报出的两种货币的比价，如外汇市场上的挂牌价"1 美元=1.08 欧元"就是名义双边汇率。

实际汇率（Real Exchange Rate，RER）是相对于名义汇率而言的。名义汇率是指官方公布的汇率或市场汇率，而实际汇率的含义比较复杂。我们知道，各国政府为了达到增加出口和限制进口的目的，经常对各类出口商品进行财政补贴或税收减免，对进口则征收各种类型的附加税。这个时候，实际汇率便是名义汇率与这些补贴率和税率之和或之差，用公式表示为

$$实际汇率 = 名义汇率 "\pm" 财政补贴和税收减免的影响$$

在研究汇率调整、倾销调查与反倾销措施，考察货币的实际购买力时，常常会用到这一概念的实际汇率。引号里的加减号指的是正负方向的调整，不是直接加减。

在不考虑财政补贴和税收减免而考虑通货膨胀时，实际汇率是指名义汇率对通货膨胀率进行调整之后的结果。这种结果称为购买力平价（PPP）下的实际汇率（PPP-RER）。如果用 e 表示名义汇率，P 和 P_f 分别表示本国和外国的通货膨胀率，那么购买力平价下的实际汇率与名义汇率的关系为

$$实际汇率 = PPP\text{-}RER = eP_f/P \tag{1.1}$$

这一概念的实际汇率旨在解释通货膨胀对名义汇率的影响，它也常被应用于货币实际购买力问题的研究。如果本国通货膨胀率大于外国通货膨胀率，该概念的意思就是：在本国相对高的通货膨胀率下达到的名义汇率是 e，那么剔除了通货膨胀影响后的实际汇率会比较低，因为 P_f/P 比较小。购买力平价理论认为，汇率会调整到使两国货币的购买力相等为止，结果汇率与两国一般价格水平的比率成比例。

在实际工作和宏观经济理论中，PPP-RER 方法是经常被应用的一种方法。PPP-RER 方法主要被用于衡量竞争地位的变化。PPP-RER 上升表明竞争地位上升，反之则表明竞争地位下降。

6. 名义有效汇率

名义有效汇率（Nominal Effective Exchange Rate）是指一国货币与其各个贸易伙伴国货币的名义双边汇率的加权平均值。权数有多种确定方法[1]，其中最常见的一种是以

---

[1] 国际货币基金组织定期公布 17 个工业发达国家的若干种有效汇率指数，包括用劳动力成本、消费物价、批发物价等为权数的、经加权平均得出的不同类型的有效汇率指数。

贸易比重为权数，即权数的确定取决于各贸易伙伴国在本国进出口贸易中所占的份额。这种汇率所表现的并不是本币与某一种外币的比价，而是本币与所有（主要）外币的加权平均比价。名义有效汇率反映的是一国在国际贸易中的总体竞争力与该国货币汇率的总体波动幅度的关系。我们知道，一国的产品出口到不同国家（地区）可能会使用不同的汇率；另外，一国货币在对某一种货币升值时，也可能同时对另一种货币贬值，即使一国货币同时对所有其他货币贬值（升值），其程度也不一定完全一致。因此，从20世纪70年代末起，人们开始使用名义有效汇率来观察某种货币汇率的总体波动幅度及该国在国际经贸和金融领域的总体地位。以贸易比重为权数的名义有效汇率的公式为

$$\frac{A\text{国货币的}}{\text{名义有效汇率}} = \sum \frac{A\text{国货币对}i\text{国}}{\text{货币的名义汇率}} \times \frac{A\text{国对}i\text{国的出口贸易值}}{A\text{国的全部出口贸易值}} \quad (1.2)$$

由于一国货币与有关各国货币的双边汇率的变动往往会在某种程度上相互抵消，因此要对一国货币在不同时期内的贬值趋势或升值趋势做出较客观的估计，常常就要用到名义有效汇率。

在式（1.2）的分式里，分子和分母还可以同时换成"进口贸易值""进出口贸易值"，同样都表示名义有效汇率；而如果将公式里的名义汇率换成"实际汇率"，式（1.2）就表示"实际有效汇率"。

三、汇率制度

（一）汇率制度的类型

所谓汇率制度，是指一国货币当局对本国汇率水平的确定、汇率变动方式等方面所做的一系列安排或规定。固定汇率制与浮动汇率制就是两种基本和典型的汇率制度。此外，还有一些介于两者之间的中间类型的汇率制度。

1. 固定汇率制

固定汇率制（Fixed Exchange Rate System）是指政府用行政或法律手段来确定并用各种手段（更多的是经济手段）来保持本国货币与某种参考物之间的固定比价的汇率制度。充当参考物的东西可以是黄金等实物，但通常是某一种或一组外国货币。固定汇率制也叫钉住汇率制。需要注意的是，这里的固定或钉住，是指该国货币与某一种或一组外国货币的比价保持不变，但当被钉住的货币与其他货币的比价发生变动时，该国货币与其他货币的比价也要随之浮动。

按照被钉住货币的不同，钉住汇率制又可分为钉住单一货币制和钉住合成货币制。在国际货币基金组织成员国中，实行钉住单一货币制和钉住合成货币制的成员国各有几十个。被钉住的单一货币主要是美元、欧元等；被钉住的合成货币主要是特别提款权。还有一些国家（包括几个工业国）根据与各主要贸易伙伴国的贸易比重，自行设计了一种仿特别提款权的合成货币，实行钉住这一合成货币的汇率制度。实行钉住汇率制的国家，仍规定了本国货币与被钉住货币之间的平价。

2. 浮动汇率制

浮动汇率制（Floating Exchange Rate System）是指汇率水平由外汇市场供求关系决定、政府不加任何干预的汇率制度。但是，目前各国政府或多或少都对汇率水平进行着干预或指导，因此所谓的浮动汇率制更多的是这种有一定干预的浮动汇率制，也称为管理浮动汇率制（Managed Floating Exchange Rate System）。

按照浮动的形式，浮动汇率制可分为单独浮动汇率制和联合浮动汇率制。

单独浮动汇率制（Independent Floating Exchange Rate System）是指本国货币不与任何外国货币发生固定联系，其汇率根据外汇市场的供求状况单独浮动的汇率制度。目前，美元、澳大利亚元、日元、加拿大元和少数发展中国家的货币采取这种单独浮动汇率制。

联合浮动汇率制（Joint Floating Exchange Rate System）原指欧洲货币体系各成员国货币之间保持固定汇率，而对非成员国货币则采取共同浮动的做法。欧洲经济货币联盟的启动，带动了世界其他地区的经济区域化活动，联合浮动汇率制在未来仍将会是一种重要的汇率制度。

3. 其他汇率制度

这里的"其他汇率制度"，是指介于固定汇率制和浮动汇率制之间的各种形式的中间汇率制度，如爬行钉住汇率制、汇率目标区制①、货币局制等。

（1）爬行钉住汇率制。

爬行钉住汇率制（Crawling Pegged Exchange Rate System）是指汇率可以经常做小幅度调整的固定汇率制度。这一制度有以下两个基本属性：

第一，实施者负有维持某种平价的义务，这使它具有固定汇率制的特征。

第二，这个平价可以经常、小幅度地调整，这又使它不同于固定（钉住）汇率制，因为固定汇率制虽然也可以调整，但绝不是经常的，而且每次调整的幅度通常比较大。因此，它是固定汇率制和浮动汇率制在时间维度上的妥协。

（2）汇率目标区制。

汇率目标区制（Exchange Rate Target Zone System）是指货币当局根据国内外经济状况，确定一个货币比价作为中心汇率，并用各种手段将汇率浮动限制在中心汇率上下一定区域内的汇率制度。

汇率目标区制不同于其他类型的汇率制度，在这一制度下，货币当局不仅要对一定时期内的汇率波动设置比较明确的区间限制，而且在必要时还要利用货币政策等措施将汇率变动尽可能地限制在目标区内。它与可调整钉住汇率制的主要区别在于：在汇率目

---

① 在20世纪80年代初，美国经济学家约翰·威廉姆森（John Williamson）对汇率目标区理论做出了重大贡献，他提出了确定中心汇率和限定变动幅度的方法，以及维系目标区所要求的国内政策搭配和国际政策协调等一整套方案。

标区制下,汇率允许变动的范围更大;它与浮动汇率制的主要区别在于:在汇率目标区制下,汇率浮动受到目标区上下限的限制。

根据目标区域的大小、目标区调整的频率、目标区的公开程度及对目标区进行维持的承诺力度,目标区又有严格目标区与宽松目标区之分。严格目标区的特点是:① 目标区域较小;② 中心汇率和目标区边界较少变动;③ 目标区域公开。宽松目标区的特点是:① 目标区域保密;② 目标区域较大;③ 中心汇率和目标区边界经常进行调整。

图 1-1 是汇率目标区的运作状态。其中,e_0 为中心汇率,a 和 b 分别为目标区的上下限。

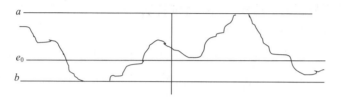

图 1-1 汇率目标区的运作状态

如果 e 为市场汇率,那么货币当局对目标区的管理规则为:

当 $e > a$ 时,按固定汇率制操作,视 a 为固定汇率,买进本币,使汇率重新低于 a;
当 $e < b$ 时,按固定汇率制操作,视 b 为固定汇率,卖出本币,使汇率重新高于 b;
当 $b < e < a$ 时,按浮动汇率制操作,不进行干预。

简言之,当市场汇率在目标区内时,它相当于浮动汇率;当市场汇率超越目标区界线时,它相当于固定汇率。汇率目标区制具有固定汇率制和浮动汇率制的双重特征。它是固定汇率制和浮动汇率制在空间维度上的妥协。

汇率目标区制具有"蜜月效应"和"离婚效应"。

假定目标区是完全可信的,也就是说市场参与者确信汇率将一直在目标区内变动,政府在汇率变动至目标区的上下限时会进行干预;经济基本面的变动完全是随机的。那么,当汇率接近目标区上下限时,市场参与者将预期汇率会很快做反向调整,重新趋近于中心汇率。这种预期将会产生稳定作用,使汇率的变动在不存在政府干预时也不会超过目标区范围。汇率目标区制下的这种市场汇率围绕着中心汇率上下波动,当市场汇率离开中心汇率至一定程度后便会自发向中心汇率趋近的状况,就如同热恋中的情侣短暂分离一段时间后便会急于寻求重新相聚的状况,所以被称为"蜜月效应"(Honeymoon Effect)。

汇率目标区制下的汇率变动还存在另外一种情况,那就是由于经济基本面发生了很大变化,并且这种变化已表现为一种明确的趋势,市场参与者普遍预期汇率目标区的中心汇率将会有较大的调整,此时汇率目标区不再具有普遍的可信性。在这种情况下,市场汇率自发向中心汇率趋近的机制也就不存在了。此时的汇率变动常会非常剧烈。这样的汇率变动状况就如同夫妻在长期共同生活中发现爱情已经消逝,难以调和的分歧使婚姻关系无法维持下去的状况，所以被称为"离婚效应"（Divorce Effect）。

(3) 货币局制。

货币局制（Currency Board System）是指在法律中明确规定本国货币与某一种可兑换货币的汇率，只是该制度对本国货币的发行做了特殊限制，以保证这一固定汇率得以维持。货币局制通常要求货币发行必须以一定（通常是百分之百）的该外国货币作为准备金，并且要求在货币流通中始终满足这一准备金要求。这一制度中的货币当局被称为货币局，而不是中央银行。因为在这一制度下，货币发行量的多少不再完全听任货币当局的主观愿望或经济运行的实际状况，而是取决于可用作准备的外币数量的多少。货币当局失去了货币发行的主动权。我国香港特别行政区实行的联系汇率制（Linked Exchange Rate System）就属于货币局制。

世界各国的汇率制度呈现出多样化的局面。国际货币基金组织将钉住汇率制之外的各种汇率制度，包括浮动汇率制，统称为"弹性汇率制"（Flexible Exchange Regime）。

(二) 对各种汇率制度的简要评价

固定汇率制与浮动汇率制最大的区别在于：经济在出现国际收支不平衡后恢复内外均衡的自动调节机制不同。在固定汇率制下，货币当局会在固定的汇率水平上通过调整外汇储备来消除外汇市场上的供求缺口，并相应通过变动货币供应量来对经济不平衡进行调节。而在浮动汇率制下，政府则完全听任汇率变动来平衡外汇供求。

关于固定汇率制与浮动汇率制孰优孰劣的争论由来已久。赞成固定汇率制、反对浮动汇率制的人固然不少，但赞成浮动汇率制、反对固定汇率制的也大有人在。即使在固定汇率的布雷顿森林体系崩溃后，这一争论也没有停止，而是更加激烈。赞成浮动汇率制的有米尔顿·弗里德曼（Milton Friedman）、哈里·约翰逊（Harry Johnson）、戈特弗里德·冯·哈伯勒（Gottfried von Haberler）等人，而赞成固定汇率制的则有罗格纳·纳克斯（Ragnar Nurkse）、罗伯特·A. 蒙代尔（Robert A. Mundell）、查尔斯·P. 金德尔伯格（Charles P. Kindleberger）等人。当然，纯粹的固定汇率制与浮动汇率制的两分法并不能反映当前世界各国汇率制度多样化的局面。但钉住汇率制与弹性汇率制仍是一国所面临的基本选择，而这一新的两分法只不过是旧两分法在新的现实背景下的变体。因此，我们有必要了解对立双方的基本观点。

赞成浮动汇率制的学者给出的理由主要有以下几个：

(1) 浮动汇率制使国际收支均衡得以自动实现，无须以牺牲国内经济为代价。而在固定汇率制下，国内经济目标不得不服从于国际收支目标，当一国国际收支失衡时，就需要采取扩张性或紧缩性财政和货币政策，从而给国内经济带来失业增加或物价上涨的后果。或者说，当国内经济出现产量下降或通货膨胀时，一国由于顾忌对国际收支的影响，而不能采取扩张性或紧缩性财政和货币政策。而在浮动汇率制下，国际收支失衡可以由汇率的自由波动予以消除，这使一国的财政和货币政策可以专注于国内经济目标的实现。

（2）浮动汇率制增加了本国货币政策的自主性。在固定汇率制下，如果主要贸易伙伴国采取扩张性的货币政策，这会引起主要贸易伙伴国的国际收支赤字和本国的国际收支盈余，带来本国外汇储备的增加，从而使本国货币供给增加。正是基于这种观点，有些学者曾指出，在布雷顿森林体系下，世界各国的货币政策都是由美国制定的。当美国实行扩张性（紧缩性）的货币政策时，美国的国际收支就会出现赤字（盈余），并带来世界其他国家货币对美元的汇率上升（下跌）的压力。为了维持固定汇率，世界各国就必须购进（售出）美元，由此导致货币供给的增加（减少）。但在浮动汇率制下，一国可以听任本国货币的汇率在外汇市场中上浮或下跌，而不必通过调整外汇储备和货币供给来适应主要贸易伙伴国的货币政策。

（3）浮动汇率制可以避免国际性的通货膨胀传播。在固定汇率制下，国外发生的通货膨胀很容易传播到国内。其传导渠道有两条：一是在一价定律下，国外通货膨胀造成本国商品和劳务价格的直接上涨；二是国外通货膨胀通过影响外汇储备造成本国货币供给的增加，从而间接引起本国物价上涨。而在浮动汇率制下，国外通货膨胀会导致本币升值，但不会影响本国的外汇储备，而本币升值可以抵消国外通货膨胀通过进出口对国内物价的直接影响。

（4）浮动汇率制无须太多的外汇储备，可使更多的外汇资金用于经济发展。在浮动汇率制下，一国由于没有义务维持汇率的稳定，就不需要像在固定汇率制下拥有那么多外汇储备。节约下来的这部分外汇资金，则可用于进口更多的国外资本品，增加投资，促进经济发展。

（5）浮动汇率制可以促进自由贸易，提高资源配置的效率。由于浮动汇率制能使国际收支自动达到均衡，一国就可以避免像在固定汇率制下那样为了维持国际收支均衡而采取贸易管制措施，从而避免了本国资源配置的扭曲，可提高经济效率。

（6）浮动汇率制可以提高国际货币制度的稳定性。由于在浮动汇率制下，各国的国际收支能够自动迅速地获得调整，而不至于出现累积性的长期国际收支赤字或盈余，因此可避免巨大的国际金融恐慌。从这个意义上说，浮动汇率制有利于各国外汇市场和国际货币制度的稳定。

而对立面的学者则认为浮动汇率制存在以下几个主要问题：

（1）浮动汇率制使进出口商无法确定未来汇率的变化，给国际贸易和投资带来很大的不确定性。就贸易而言，在价格和收益不确定的情况下，即使利用期汇交易，贸易成本也势必会增加。更何况并非所有的外汇风险皆可通过期汇交易予以消除，如进出口从报价到成交这一期间的汇率风险，以及期限较长的对外债权债务所面临的汇率风险就无法避免。就投资而言，汇率变动也可能使投资者发生资本损失，从而抵消其在投资方面的收益。因此，浮动汇率制会妨碍国际贸易和投资的顺利进行。

（2）浮动汇率制使一国更容易发生通货膨胀。这主要有两方面的原因：第一，固定汇率制对国际收支赤字国政府施加的压力比对国际收支盈余国政府的大，因此允许采用浮动汇率易使赤字国削弱"物价纪律"；第二，在浮动汇率制下，一国币值下跌必然导致进口价格的上涨，从而直接或间接助长国内一般物价的上涨，并可能导致"物价上涨—币值下跌"的恶性循环，但当一国币值上浮时，由于棘轮效应的存在，国内物价却不下降。过往经验已表明，以货币过高定值作为降低国内通货膨胀的手段，其成效是令人失望的。因此，浮动汇率制较容易引起通货膨胀。

（3）汇率波动对国内资源的配置常有不利影响。比如，当汇率大幅度上升时，该国出口部门对外竞争能力提高，资源就会流入出口部门和进口替代部门。然而，一旦汇率下降，出口部门的过剩资源就要重新流出，这就是汇率波动带来的资源配置不当。

（4）汇率自由波动未必能隔绝国外经济对本国经济的干扰。这是因为国际资本流动越来越频繁，国际收支自动达到均衡的汇率未必就是使经常账户收支达到均衡的汇率。这样，从 $Y = C + I + G + (X - M)$ 来看，由于浮动汇率制无法保证 $(X - M)$ 等于零，本国的总需求和国民收入就不完全取决于国内开支 $(C + I + G)$，而是会通过进出口渠道受到国外经济的影响。

以上是对固定汇率制和浮动汇率制优劣之处的主要争论。从中可以看出，一国究竟是实行固定汇率制还是实行浮动汇率制，并没有一个一般性的结论，而应根据各自内部经济的具体情况和所面临的外部环境而定，做到扬长避短。汇率制度的选择一直是世界各国十分重视的重大理论问题和政策问题。

第二节　国际收支与国际收支失衡

一、国际收支

国际收支是一个内涵相当丰富的概念。我们先来看一下国际货币基金组织（International Monetary Fund，IMF）对它的规定①。

国际货币基金组织在《国际收支和国际投资头寸手册》（Balance of Payments and International Investment Position Manual）中对国际收支做了如下定义：国际收支是某一时期的统计表，它表明：

（1）某一经济体同世界其余国家或地区之间在商品、劳务及收入方面的交易。

（2）该经济体所持有的货币、黄金、特别提款权及对世界其余国家或地区的债权、债务的所有权的变化和其他变化。

---

①　为了更清楚和更准确，IMF 等国际机构对事物进行界定时往往采用"条款化定义"，即明确列出"哪些是""哪些不是"，比如这里的"国际收支"及后面的"居民""非居民"都是如此。

（3）为了平衡不能相互抵消的上述交易和变化的任何账目所需的无偿转让和对应项目。

国际货币基金组织定义的国际收支概念可概括为：一国的国际收支是一国居民在一定时期内与非居民之间的经济交易的系统记录。在此，应该注意以下几点：

第一，这一概念不再以支付为基础，而是以交易为基础，即只要是一国居民与非居民之间的国际经济交易，就是国际收支的内容，即使是未实现现金收付的国际经济交易，也要计入国际收支中。

第二，国际收支是一个流量概念，是指某一时期的记录，一般以一年为期。

第三，国际收支所记载的经济交易必须是在该国居民与非居民之间发生的。

判断一项经济交易是否应包括在国际收支范围内，所依据的不是交易双方的国籍，而是交易双方是否是分属于不同国家的居民。同一国家居民之间的交易不属于国际经济交易，非同一国家居民之间的交易才属于国际经济交易。这里我们应该明确，居民与公民不是同一个概念。公民是一个法律概念，而居民则以居住地和居住时间为标准，包括个人、政府、非营利团体和企业四类。即使是外国公民，只要他在本国长时期（一般在一年以上）从事生产、消费行为，也属于本国的居民。国际货币基金组织对居民与非居民是这样区分的：

（1）移民属于所在国的居民。

（2）逗留时期在一年以上的留学生、旅游者属于所在国的居民。

（3）非个人居民，如各级政府、企业和非营利团体属于所在国的居民。

（4）官方外交使节、驻外军事人员是所在国的非居民。

（5）国际性机构，如联合国、国际货币基金组织、世界银行等是任何国家的非居民。

需要再次强调的是，前述的居民与非居民的经济交易，并不完全等同于彼此之间的外汇收支，因为已经有许多新的国际经济交易形式并不表现为外汇的收与支。如20世纪50年代后出现的易货贸易、补偿贸易、无偿援助和战争赔款中实物部分、清算支付协定下的记账等都不伴随外汇收支，而且这些活动在世界经济一体化的过程中日益频繁。这样，用外汇收支来定义国际收支就不完全准确。因此，只有广义的建立在全部经济交易基础之上的国际收支概念才是一个完整的反映一国对外经济总量的概念。

二、国际收支平衡表

所谓国际收支平衡表，是指国际收支按照特定账户分类和复式记账原则表示的会计报表。国际货币基金组织对国际收支平衡表的编制所采用的概念、准则、管理、分类方法及标准构成都做了非常详尽的统一说明。按照《国际收支和国际投资头寸手册》（第六版）（以下简称《手册》第六版）的规定，国际收支账户分为：① 货物和服务账户；② 初次收入账户；③ 二次收入账户；④ 资本账户；⑤ 金融账户；⑥ 金融资产和负债的其他变化账户；⑦ 误差与遗漏账户。

各个账户更具体的构成内容（子项目）可以用列表的形式表示，如表 1-1 所示。

表 1-1　国际收支账户概览

国际收支
经常账户
货物和服务
货物
服务
初次收入
二次收入
资本账户
非生产非金融资产的取得/处置
资本转移
金融账户
直接投资
证券投资
金融衍生产品（储备除外）和雇员认股权
其他投资
储备资产
误差与遗漏账户

下面对上述账户做进一步解释和说明。

（一）货物和服务账户

货物（Goods）包括一般商品、转手买卖货物、非货币黄金，以及部分旅行、建设、别处未涵盖的政府货物和服务。在处理上，货物的出口和进口应在货物所有权从一居民转移给一非居民时记录下来。过去，货物按离境时的离岸价（FOB）计价，而在《手册》第六版中改为按交易价格计价。

服务（Services）包括对他人拥有的实物投入的制造服务（加工服务），旅行，运输，建设，保险和养老金服务，金融服务，电信、计算机和信息服务，其他商业服务，个人、文化和娱乐服务，以及别处未涵盖的维护和维修服务、别处未涵盖的知识产权使用费、别处未涵盖的政府货物和服务。

（二）初次收入账户

初次收入反映的是对生产过程所做的贡献或提供金融资产和出租自然资源而获得的回报。具体可分为两类：一类是与生产过程相关的收入，如雇员报酬是向生产过程投入劳务的收入，对产品和生产的税收与补贴也是有关生产的收入；另一类是与金融资产和其他非生产资产所有权相关的收入，如投资收益是提供金融资产所得的回报，包括股息和准公司收益提取、再投资收益及利息。《手册》第六版将初次收入分成以下类型：① 雇员报酬；② 股息；③ 再投资收益；④ 利息；⑤ 归属于保险、标准化担保和养老基金保单持有人的投资收益；⑥ 租金；⑦ 对产品和生产的税收与补贴。

（三）二次收入账户

二次收入账户表示居民与非居民之间的经常转移。经常转移包括资本转移以外的所有其他类型的转移。《手册》第六版将经常转移分为个人转移和其他经常转移两大类，其中其他经常转移包括：① 对所得、财富等征收的经常性税收；② 社保缴款；③ 社会福利；④ 非寿险净保费；⑤ 非寿险赔偿；⑥ 经常性国际合作；⑦ 其他经常转移。

（四）资本账户

资本账户由两个子项目构成，其一是非生产非金融资产的取得和处置，其二是资本转移。非生产非金融资产包括自然资源，契约、租约和许可，营销资产（和商誉）。资本转移是资产（非现金或存货）的所有权从一方向另一方变化的转移，或者是使一方或双方获得或处置资产（非现金或存货）的转移，或者为债权人减免负债的转移。

（五）金融账户

金融账户记录发生于居民与非居民之间的涉及金融资产和负债的交易。金融账户根据职能类别可分成直接投资、证券投资、金融衍生产品（储备除外）和雇员认股权、其他投资和储备资产。金融账户下的各个项目并不是按借、贷方总额来记录的，而是按净额来计入相应的借方或贷方。各子项目的具体含义如下：

（1）直接投资（Direct Investment）是跨境投资的一种，特点是一经济体的居民对另一经济体的居民企业实施了管理上的控制或重要影响。这种控制或影响可以直接实现，即通过拥有股权，获得对一个企业的表决权；也可以间接实现，即通过在另一个对该企业具有表决权的企业中拥有表决权。因此，实现控制或影响的两种方式是：① 直接的直接投资关系，指直接投资者直接拥有股权，并且这种股权使其在直接投资企业中享有10%或以上的表决权；② 间接的直接投资关系，指在一个直接投资企业中拥有表决权，而该直接投资企业又在另一个（一些）企业中拥有表决权，即一个实体能够通过直接投资关系链施加间接控制或影响。

（2）证券投资（Portfolio Investment）是指没有被列入直接投资或储备资产的、有关债务或股本证券的跨境交易和头寸。证券投资的主要对象是债务证券和股本证券，对于债务证券而言，它可以进一步细分为期限在一年以上的长期债务证券和期限在一年或一年以下的短期债务证券。

（3）金融衍生产品（储备除外）和雇员认股权。随着金融衍生产品市场的高速发展，金融衍生产品（包括雇员认股权）的发行和交易越来越多，其中不乏跨境交易，因此《手册》第六版合理地增加了这一项目。

（4）其他投资为剩余类别，包括没有列入直接投资、证券投资、金融衍生产品和雇员认股权及储备资产的头寸和交易。

(5) 储备资产（Reserve Assets）是指一国金融管理局可随时控制并动用的可用于国际收支清算的资产，主要包括货币黄金、特别提款权、在国际货币基金组织的储备头寸、外汇资产、其他债权等。涉及货币黄金的交易仅在其出于储备目的发生于两个金融管理局之间，或发生于金融管理局与国际金融机构之间时，方可计入金融账户。

（六）金融资产和负债的其他变化账户

金融资产和负债的其他变化账户表明因居民与非居民之间的交易以外的因素引起的金融头寸变化。例如，债权人单方面撤销债务、持有收益/损失、重新分类（包括居民与居民之间就非居民发行的金融资产进行交易时所引起的变化）等。金融资产和负债的其他变化包括数量的其他变化和重新定值两个方面。金融资产和负债数量的其他变化是指由交易和重新定值以外的因素引起的资产价值的任何变动，包括因撤销和注销、资产的经济出现和消失、重新分类及由于实体改变其居民地位导致金融资产变化等因素引起的变化。金融资产或负债的货币价值由于其价格水平和结构发生变动而改变时，便出现重新定值。

（七）误差与遗漏账户

国际收支账户运用的是复式记账法，因此所有账户的借方总额与贷方总额应相等。但是，由于不同账户的统计资料来源不一、记录时间不同及一些人为因素（虚报进出口）等原因，会造成结账时出现净的借方或贷方余额，这时就需要人为设立一个抵销账户，数目与上述余额相等而方向相反。简单地说，由于从事国际经济交易的行为主体成千上万，统计时难免发生错误，因此一切统计上的误差归入误差与遗漏账户。如果该账户出现较大数额且得不到扭转，就意味着有重要信息未能得到反映，如货物走私等。

三、国际收支平衡和不平衡

（一）自主性交易和国际收支平衡

"国际收支平衡"有多种不同的概念和含义。但在国际收支的理论研究中，人们常按照交易动机将交易分为自主性交易（Autonomous Transactions）和补偿性交易（Compensatory Transactions）两类。所谓自主性交易，是指个人和企业为某种自主性目的（追逐利润、旅游、汇款赡养亲友等）而从事的交易。所谓补偿性交易，是指为弥补国际收支不平衡而发生的交易，比较典型的例子是为弥补国际收支逆差而向外国政府或国际金融机构借款、动用官方储备等。

理论上的国际收支差额，就是指自主性交易的差额。当这一差额为零时，称为"国际收支平衡"；当这一差额为正时，称为"国际收支顺差"；当这一差额为负时，称为"国际收支逆差"。后两者统称为"国际收支不平衡"。由于国际收支不平衡代表的是一国对外经济活动的不平衡，所以国际收支不平衡又称为"对外不平衡"或"外部不平衡"。

但是，按交易动机来判断国际收支平衡状况存在一个问题，那就是在统计上和应用上很难精确区别自主性交易与补偿性交易。在现实中，有许多交易是很容易识别的，如商品贸易、海运及其保险、直接投资、证券投资等就是自主性交易；而中央银行为稳定汇率所进行的外汇交易则显然是补偿性交易。但也有许多情况是难以判别的，如中央银行的国际借款，借款的目的可以是用于干预外汇市场，这就是补偿性交易；也可以是用于具体的建设项目，这就是自主性交易；还有可能是两种目的兼而有之。企业的活动也有类似的例子：一家银行增加了对外负债，如果对外负债的增加是为了银行自己的套利、投资等业务，就可视为自主性交易；如果是因为遵从货币当局的劝告，这种劝告旨在增加资金流入以减少国际收支压力，那么就是补偿性交易。类似的例子还可以举出许多。

因此，这种识别国际收支差额的方法仅仅提供了一种思维方式，很难将其应用于经济实践活动。

（二）国际收支不平衡的衡量

国际收支平衡被普遍作为金融运行良好的表现，而国际收支不平衡则被作为政策调整的重要对象。国际收支不平衡会在四个层次上出现，人们可以根据需要，对不同层次的国际收支不平衡进行调节。

1. 贸易收支差额

贸易收支差额即商品进出口收支差额。这是用得比较多的一个传统口径，第二次世界大战后出现的许多新的国际收支调节理论也常将贸易收支作为国际收支的代表。很明显，贸易收支仅仅是国际收支的一个组成部分，绝不能代表国际收支的整体。但是，对于某些国家来说，由于贸易收支在其全部国际收支中所占的比重相当大，而且贸易收支在国际收支中具有特殊性，即商品的进出口情况综合反映了一国的产业结构、产品质量和劳动生产率状况及该国在国际上的竞争力，因此，人们有时也在简单化的假设下，将贸易收支作为国际收支的近似代表。

2. 经常项目收支差额

经常项目收支包括贸易收支、无形收支（服务收支）和经常转移收支。

3. 资本和金融账户差额

资本和金融账户可以反映一个国家资本市场的开放程度和金融市场的发达程度。一般而言，资本市场开放的国家，其资本和金融账户的流量总额较大；反之，则较小。而资本账户中长短期账户的规模，还可以反映资本市场和货币市场的结构与制度限制。

在经常账户出现赤字时，国际收支平衡必然意味着资本和金融账户出现相应盈余，金融资产的净流入实际上是为经常账户赤字融资。由于资本和金融账户与经常账户之间具有融资关系，所以资本和金融账户差额还可以折射出一国经常账户的状况和融资能力。但是，在分析资本和金融账户与经常账户之间的这种融资关系时，应该注意以下问题：

第一，当主要通过本国政府持有的金融资产（官方外汇储备）进行融资时，由于一国的外汇储备数量是有限的,所以这一融资也是有限的,这里潜伏着外汇储备迅速耗竭的危险。

第二,当主要通过国外资本(资本和金融账户中的直接投资、证券投资和其他投资)进行融资时,这种融资方式又将受到稳定性和偿还性两方面的限制。其原因有:首先,流入的资本并不一定是稳定的。一国经济环境的变化、国际资本市场上的供求变动、突发事件等因素都有可能引起资本的大规模撤出。同时,这些资本中有相当一部分是以短期投机为目的的,一国的经常账户赤字如果主要依靠这类资本弥补,很难长期维持下去。其次,利用外国资本进行融资必然面临着偿还问题。如果因各种因素导致对借入的资金使用不当或期限安排不合理,偿还就会发生困难。特别是当吸引资本流入的高利率存在人为扭曲时,更容易发生偿还困难。利用资本流入为经常账户赤字融资,就蕴含了发生债务危机的可能性。

4. 综合账户差额或总差额

综合账户差额是指经常账户与资本和金融账户中的资本转移、直接投资、证券投资、其他投资账户所构成的余额,也就是将国际收支账户中的官方储备账户和误差与遗漏账户剔除后的余额。由于综合账户差额必然导致官方储备的相应变动,所以可以用它来衡量国际收支对一国储备造成的压力。

当一国实行固定汇率制时,总差额的分析意义更为重要。因为总差额的变动将导致外国货币与本国货币在外汇市场上的供求变动,进而影响到两种货币比价的稳定性。为了保持外汇市场上汇率的稳定,政府必须利用官方储备介入市场,以实现供求平衡。因此,总差额在固定汇率制下是极其重要的。而在浮动汇率制下,政府原则上可以不动用官方储备而听任汇率变动,或者说政府被迫利用官方储备进行调节的压力很小,所以这一差额的意义相对较小。

从上述介绍可以看出,国际收支不平衡的衡量口径有许多种,不同的国家往往根据自身情况选用其中一种或若干种来判断自己在国际交往中的地位和状况,并采取相应的对策。

(三) 对国际收支账户之间关系的总结

(1) 在浮动汇率制下,由于国际收支自动平衡,如果用 CA 表示经常账户,K 表示资本和金融账户,则有 $CA + K = 0$,即 $-CA = K$ 或 $CA = -K$,该式表示资本和金融账户为经常账户赤字融资,或表示经常账户盈余需要通过资本和金融账户对外输出。

(2) 在固定汇率制下,由于需要政府吞吐外汇储备进行调节,因此在资本和金融账户中,理论上就比浮动汇率制下多一项国际储备(通常用 FD 表示),如果这里 K 还是浮动汇率制下的"资本和金融账户"(不含外汇储备),那么由国际收支平衡表的平衡逻辑,自然会得到下面的等式:

$$CA + K + FD = 0, 即 CA + K = -FD$$

这意味着在"误差与遗漏"为零的情况下,国际收支的总差额如果是顺差,那么这些顺差将进入储备，但是记录为负数；反之，则记录为正数，总之会保证国际收支平衡表是"平衡的"。

四、国际收支不平衡的原因

国际收支不平衡现象是经常发生的，而引起国际收支不平衡的原因纷繁复杂，这些原因中，既有一般因素，又有特殊因素。

（一）一般因素

1. 周期性不平衡

周期性不平衡（Cyclical Disequilibrium）是一国或世界的经济周期波动引起该国国民收入、价格水平、生产和就业发生变化而导致的国际收支不平衡。周期性不平衡是世界各国国际收支不平衡中常见的一种。随着经济全球化的不断深入，各国的经济关系日益密切，各国的生产活动和国民收入受世界经济波动的影响也越来越大。

在经济发展过程中，各国经济不同程度地处于周期波动之中，周而复始出现繁荣、衰退、萧条、复苏。在经济衰退阶段，国民收入减少，总需求下降，物价下跌，这会使出口增加、进口减少，从而使国际收支出现顺差；而在经济繁荣阶段，国民收入增加，总需求上升，物价上涨，这会使进口增加、出口减少，从而使国际收支出现逆差。

具体又可分内部周期与外部周期不同步、内部周期与外部周期同步但波动幅度不同这两种情况进行讨论：

（1）内部周期与外部周期不同步。例如，在第Ⅰ阶段，外部经济走向繁荣而内部经济走向萧条；在第Ⅱ阶段，外部经济由顶峰下滑而内部经济开始复苏；在第Ⅲ阶段，外部经济走向衰退而内部经济走向繁荣；在第Ⅳ阶段，外部经济逐步复苏而内部经济逐步萧条。这样的反周期状况如图1-2所示。

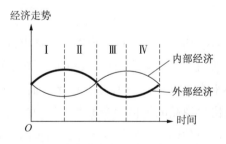

图1-2 内部周期与外部周期不同步

在第Ⅰ阶段和第Ⅱ阶段，外部经济强于内部经济，出口需求大而进口需求小，国际收支将出现顺差；在第Ⅲ阶段和第Ⅳ阶段，内部经济强于外部经济，进口需求大而出口需求小，国际收支将出现逆差。这就是内外部周期不同步所形成的国际收支不平衡。

（2）内部周期与外部周期同步但波动幅度不同。这种情况也会出现国际收支不平衡。假如内部经济和外部经济都是先上升后下跌，并且内部经济波动的幅度大于外部经济，那么情形就将如图1-3所示。

在第Ⅰ阶段和第Ⅱ阶段，更为强劲的内部经济产生更大的进口需求，结果是该国出现国际收支逆差；而在第Ⅲ阶段和第Ⅳ阶段，该国更深的萧条和更弱的进口需求又会形成国际收支顺差。

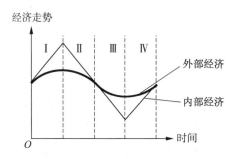

图1-3　周期同步但波动幅度不同（内部经济波动的幅度更大）

如果是外部经济波动的幅度大于内部经济，则情形正好相反：在第Ⅰ阶段和第Ⅱ阶段，该国会出现国际收支顺差；而在第Ⅲ阶段和第Ⅳ阶段，该国则会出现国际收支逆差，如图1-4所示。

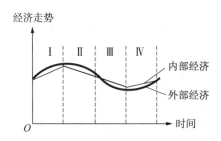

图1-4　周期同步但波动幅度不同（外部经济波动的幅度更大）

2. 货币性不平衡

货币性不平衡（Monetary Disequilibrium）是指一国货币价值变动（通货膨胀或通货紧缩）引起国内物价水平变化，从而使该国一般物价水平与其他国家相比发生相对变动，由此引起国际收支不平衡。例如，一国发生通货膨胀，其出口商品成本必然上升，使用外国货币计价的本国出口商品的价格就会上涨，从而削弱本国商品在国际市场上的竞争力，客观上起到抑制出口的作用，最终导致该国出现国际收支逆差。这里需要注意的是，通货膨胀还会引起该国货币一定程度的贬值，但一般来说此时汇率上升的幅度要比物价上涨的幅度小，它只能缓和而不能根本改变通货膨胀对国际收支的影响。货币性不平衡可以是短期的，也可以是中期或长期的。

3. 结构性不平衡

结构性不平衡（Structural Disequilibrium）是指当国际分工格局或国际需求结构等国际经济结构发生变化时，一国的产业结构及相应的生产要素配置不能完全适应这种变化，从而发生国际收支不平衡。

由于地理环境、资源分布、劳动生产率等经济条件和历史条件不同，各国形成了各自的经济布局和产业结构，而各国产业结构的综合便是国际分工结构。若在原有的国际分工结构下，一国的进出口能够平衡，在某一时期，世界市场对该国出口的需求或对该国进口的供给发生变化，则该国就需要改变其经济结构以适应这种国际变化，这时原有的平衡和秩序就受到了冲击。若该国不能灵活调整经济结构以适应国际分工结构的变化，则会产生国际收支的结构性不平衡。

要改变结构性不平衡，就要对生产要素进行重新组合，以适应新的需求和供给结构。而生产要素的重新组合往往难度较大，因此结构性不平衡常常具有长期性，扭转起来相当困难。结构性不平衡在发展中国家尤为普遍，因为发展中国家进出口商品具有出口需求的收入弹性大和进口需求的收入弹性小的特点，所以出口难以大幅度增加，而进口则能大幅度增加；同时由于产品出口需求的价格弹性大，而产品进口需求的价格弹性小，进口价格上涨快于出口价格上涨，贸易条件容易恶化。

4. 收入性不平衡

收入性不平衡（Income Disequilibrium）是指各种经济条件的恶化引起国民收入的较大变动，从而导致国际收支不平衡。国民收入变动的原因很多，一种是前面所述的经济周期波动所致，另一种则是经济增长率变动所致。收入性不平衡就是指这类原因引起的国际收支不平衡。一般来说，国民收入大幅度增加，全社会消费水平就会提高，社会总需求也会扩大，在开放型经济下，社会总需求的扩大通常会使进口增加，从而导致国际收支出现逆差；反之，当经济增长率较低，国民收入减少时，国际收支就会出现顺差。

5. 不稳定的投机和资本外逃造成的不平衡

在短期资本流动中，不稳定的投机和资本外逃是造成国际收支不平衡的重要原因。投机性资本流动是指利用利率差别和预期的汇率变动来牟利的资本流动。它主要取决于两个因素，即各国货币之间的比价和各国相对的利率水平。投机可能是稳定的，也可能是不稳定的。稳定性投机与市场力量相反，当某种货币的需求下降时，投机者就买进该种货币，从而有助于稳定汇率。而不稳定的投机会使汇率状况恶化，造成货币贬值，货币贬值又会进一步刺激投机，从而造成外汇市场混乱。资本外逃的基本动机是害怕损失，当一国面临货币贬值、外汇管制、政治动荡或战争威胁时，人们就要把其资金转移到他们认为稳定的国家，从而造成该国资本外流。不稳定的投机和资本外逃具有突发性、数量大的特点，在国际资本流动迅速的今天，往往成为一国国际收支不平衡的重要原因。20世纪90年代以来频发的金融危机已深刻地说明了这一点。

6. 临时性不平衡

临时性不平衡是指短期的由非确定或偶然因素引起的国际收支不平衡，如洪水、地震、骚乱、战争等因素带来的贸易条件恶化、国际收支困难，但这种性质的国际收支不平衡具有偶然性，而且一般程度较轻，持续时间也不长。

（二）特殊因素

以上分析的是引起国际收支不平衡的一般因素，但实际上，不同类型的国家（发达国家和发展中国家）出现国际收支不平衡现象的原因是有差异的。

发达国家国际收支不平衡的特点是商品、劳务、资本输入过多或不足；资本项目的地位日趋重要，资本输出和输入频繁且不稳定。这类不平衡的直接原因主要是这些国家的国际竞争力、利润率和利息率的变化。

发展中国家国际收支不平衡的特点主要表现为：

（1）一些商品、劳务输入不足与另一些商品、劳务输入过多并存；商品、劳务此时输出不足与彼时输出过多并存。世界经济结构全面而深刻的变化，也使这些国家的出口结构严重不合理。

（2）资本输入过多与不足相交替，使国际储备的水平经常处于适度水平线以下。

（3）国际收支不平衡常常表现为过度逆差。

发展中国家国际收支不平衡的原因比较复杂，除了生产力水平较低外，产业结构和产品结构不合理、市场体制不健全等也是重要原因。

复习思考题

1. 固定汇率制和浮动汇率制的基本内容是什么？
2. 国际收支平衡表有哪几个组成部分？
3. "实际汇率"有哪些含义？
4. "有效汇率"的意义在哪里？
5. 在固定汇率制和浮动汇率制之间有哪些中间形式？
6. 经常账户和资本账户之间有什么关系？

第二章 》国际收支调节和内外均衡兼顾

国际收支不平衡是经常发生的，造成国际收支账户变动的因素也是纷繁复杂的。期望一定时期内所有的对外支付正好等于收入是不现实的。巨额的、连续的国际收支顺差或逆差都不利于经济的稳定和发展，因此，政府就有必要采取措施来减轻不平衡的程度，从而产生了国际收支的调节问题。国际收支调节的目的，从简单和直接的意义上看，是追求国际收支的平衡；从更深和更全面的意义上看，是追求内部经济和外部经济的均衡。

第一节 国际收支的自动调节机制

国际收支不平衡有两种表现形式，即国际收支逆差和国际收支顺差，前者表现为对外支付大于收入，后者表现为对外支付小于收入。国际收支不平衡会引起国内某些经济变量的变动，这些变动反过来又会影响国际收支。因此，所谓国际收支的自动调节，是指由国际收支不平衡引起的国内经济变量变动对国际收支的反作用过程。需要说明的是，国际收支自动调节只有在纯粹的自由经济中才能产生理论上所描述的那些作用，政府实施的宏观经济政策会在不同程度上影响自动调节过程。

一、货币-价格机制

"货币-价格机制"的较早阐述者是英国哲学家和经济学家大卫·休谟（David Hume），其论述被称为"价格-现金流动机制"。"货币-价格机制"与"价格-现金流动机制"的主要区别是货币形态。在休谟时期，金属铸币参与流通，而在当代，则完全是纸币流通。不过，这两种机制论述的国际收支自动调节原理是一样的。

一个国家国际收支发生逆差（顺差情况正好相反），意味着该国对外支付大于收入，货币外流；在其他条件既定的情况下，物价下降，本国出口商品价格也下降，出口增加，贸易收支因此得到改善。贵金属本位制下的货币-价格自动调节机制的过程如图2-1所示。

图 2-1　贵金属本位制下的货币-价格自动调节机制过程图

上述过程描述的是国内货币存量与一般物价水平变动对国际收支的影响。

在信用货币体系下,"货币-价格自动调节机制"则表现为相对价格(而不是一般价格)水平变动对国际收支的影响。

在固定汇率制下,国际收支逆差将导致该国外汇市场上出现超额外汇需求,政府不得不抛出外汇储备以维持固定汇率,这其实就是收回本币的过程,本币供给减少会引起国内价格水平下降,抑制进口、促进出口,改善国际收支,如图 2-2 所示。

图 2-2　信用货币体系中固定汇率制下的货币-价格自动调节机制过程图

二、收入机制

国际收支逆差意味着国民收入下降,国民收入下降引起社会总需求下降,进口需求也随之相应下降,从而贸易收支得到改善。收入机制的自动调节过程如图 2-3 所示。

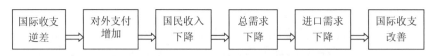

图 2-3　收入机制的自动调节过程图

国民收入下降不仅能改善贸易收支,而且也能改善劳务收支和资本项目收支。这是因为国民收入下降会使对外国的劳务和金融资产的需求都不同程度地下降,从而使整个国际收支得到改善。

三、利率机制

"利率机制"与"货币-价格机制"和"收入机制"一样,也是在自由经济的假定下存在的。

在固定汇率制下,当国际收支发生逆差时,政府必须用抛出外汇储备、回笼本币的办法来维持固定汇率。根据货币供给方程可知,本国货币的存量(供应量)相对减少,利率上升;而利率上升表明本国金融资产的收益率上升,从而对本国金融资产的需求相对上升,对外国金融资产的需求相对减少,资金外流减少或资金内流增加,最终使国际收支得到改善,如图 2-4 所示。

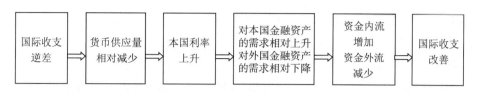

图 2-4　固定汇率制下利率机制的自动调节过程图

第二节　国际收支的政策调节

当市场失灵时，国际收支自动调节机制的作用将被削弱甚至失效，这时就需要政府出面，对市场进行干预，以实现国际收支平衡。政府对国际收支进行调节的手段多种多样，基本上可以分为从需求角度进行的调节、从供给角度进行的调节、利用融资政策进行的调节及利用各种政策之间的搭配进行的调节。

一、需求调节政策

根据对经济的不同影响，国际收支的需求调节政策可分为支出增减型政策和支出转换型政策两大类。

1. 支出增减型政策

支出增减型政策（Expenditure-Changing Policy）是指改变社会总需求或国民经济中总支出水平的政策。这类政策旨在通过改变社会总需求或总支出水平来改变对外国商品、劳务和金融资产的需求，从而达到调节国际收支的目的。这类政策既有财政政策也有货币政策。其理论基础主要是凯恩斯经济学里的"收入-进口"效应。

财政政策是政府利用财政收入、财政支出和公债对经济进行调控的经济政策，其主要工具包括财政收入政策、财政支出政策和公债政策。货币政策是中央银行通过调节货币供应量和利率来影响宏观经济活动水平的经济政策，其主要工具是公开市场业务、再贴现和法定存款准备金率。

财政政策和货币政策都可以直接影响社会总需求，并由此调节内部均衡；同时，社会总需求的变动又可以通过边际进口倾向影响进口、通过利率影响资金流动，并由此调节外部均衡。紧缩性的财政政策和货币政策具有降低社会总需求和总支出的作用。当社会总需求和总支出下降时，对外国商品、劳务和金融资产的需求也相应下降，从而使国际收支顺差增加（逆差减少）。而扩张性的财政政策和货币政策具有增加社会总需求和总支出的作用。当社会总需求和总支出增加时，对外国商品、劳务和金融资产的需求也相应增加，从而使国际收支逆差增加（顺差减少）。

2. 支出转换型政策

支出转换型政策（Expenditure-Switching Policy）是指不改变社会需求和支出总量而

改变社会需求和支出结构的政策,主要包括汇率政策、补贴和关税政策及直接管制。其实现机制主要是需求理论里的"价格-替代"效应。

所谓改变支出结构,是指将国内对外国商品和劳务的支出转移到本国商品和劳务上来。汇率的下降、对进口商品和劳务课以较高的关税,都会使进口商品和劳务的价格相对上升,从而使居民将一部分支出转移到购买进口替代品上来。

直接管制虽然常被看作一种独立于支出增减和支出转换的国际收支调节政策,但实际上,直接管制通过改变进口商品和进口替代品的相对可获得性,达到了支出转换的效果。而前述的汇率和关税政策是通过改变进口商品和进口替代品的相对价格来达到支出转换的目的的,可以说两者殊途同归。因此,直接管制也可以看作一种支出转换型政策。直接管制包括外汇管制、进口许可证管制等形式。

管制是对市场的行政干预,多数经济学家不赞成直接管制,但在国际收支发生较严重的困难时,无论是发达国家还是发展中国家,都不同程度地采用过直接管制政策。

一、供给调节政策

从供给角度来看,调节国际收支的政策有产业政策和科技政策。产业政策和科技政策旨在改善一国的经济结构和产业结构、增加出口商品和劳务的生产、提高产品质量、降低生产成本,以达到增加社会产品(包括出口产品和进口替代品)的供给、改善国际收支的目的。供给调节政策的特点是长期性,在短期内难以有显著的效果,但这类政策可以从根本上提高一国的经济实力与科技水平,从而为实现内外均衡创造条件。供给调节政策主要包括以下几个方面。

(1)科技政策。科学技术是第一生产力,现代各国之间的经济竞争越来越表现为科技水平的竞争,发挥知识在经济增长中的核心作用已成为各国的共识。对于发展中国家而言,科技政策通常包括推动技术进步的政策、提高管理水平的政策和增加人力资本的政策。

(2)产业政策。产业政策的核心在于优化产业结构,根据国际市场的变化制定出正确的产业结构规划,一方面鼓励发展和扩大一部分产业,另一方面对一些产业部门进行调整、限制,乃至取消。政府实施产业政策的重要目的在于消除资源在各产业部门之间流动的障碍,使本国产业结构的变动适应世界市场的情况,从而减少乃至消除结构性的国际收支不平衡。

(3)制度创新政策。制度创新政策是针对经济中存在的制度性缺陷提出的。这方面最典型的例子就是:不少国家都存在着大量规模庞大、效率极其低下的国有企业,这些企业由于体制不合理而对市场信号反应迟钝,缺乏自我约束、自我发展的能力,经营状况极差,通常只能依靠国家的大量财政补贴(隐性的或显性的)来维持。如果经济中存在的低效率有普遍的制度性原因,进行制度创新就显得非常必要。制度创新政策主要表现为企业制度改革,包括企业创立时的投资制度改革、企业产权制度改革,以及此相适应的企业管理体制改革。富有活力、具有较强竞争力的微观经济主体始终是实现内外均衡目标的基础。

三、资金融通政策

资金融通政策简称融资政策，包括官方储备的使用和国际信贷便利的使用。从一国宏观调控角度来看，它主要体现为国际储备的调整。对外部均衡进行调控的首要问题是：融资还是调整？因为如果国际收支不平衡是由临时性、短期的冲击引起的，那么就可以用融资方法来弥补，以避免调整的痛苦；如果国际收支不平衡是由中长期因素导致的，那么就势必要运用其他政策进行调整。可见，融资政策与调节社会总需求的支出政策之间具有一定的互补性和替代性。比如，当国际收支发生逆差时，一国政府既可以采用支出型政策来加以调节，也可以采用融资政策或两者相结合的办法来加以调节。在逆差额既定的情况下，较多地使用资金融通，便可较少地使用需求调节；反之，较多地使用需求调节，便可较少地使用资金融通。总之，融资政策是在短期内利用资金融通的方法来弥补国际收支逆差，以实现经济稳定的一种政策。

四、政策搭配

采用什么样的政策来调节国际收支，首先取决于国际收支不平衡的性质，其次取决于国际收支不平衡时国内社会和宏观经济结构，最后取决于内部均衡与外部均衡之间的相互关系。任何一种国际收支调节政策都会给宏观经济带来或多或少的调节成本，所以必须进行相机抉择，搭配使用各种政策，以最小的经济和社会代价达到国际收支的平衡。

在所有类型的国际收支调节政策中，至少存在以下几组可相互替代的搭配：

（1）支出增减型政策与支出转换型政策搭配。

（2）支出型政策与融资政策搭配。

（3）支出增减型政策与供给型政策搭配。

一般来说，对不同性质的国际收支不平衡要采用不同的调节方法。比如，以资金融通来纠正暂时性的国际收支不平衡；以紧缩性的货币政策来纠正货币性国际收支不平衡；等等。

但有时实际情况要更加复杂，需要灵活地进行政策搭配。比如，由预算赤字和货币宽松引起的货币性国际收支不平衡，就可视情况在以下几种方法中选择合适的进行调整：

一是用支出增减型政策。它要求较大幅度地削减财政赤字和紧缩银根。但在纠正国际收支失衡的同时，有可能降低经济活动水平、引发失业增加和社会动荡。

二是用支出增减型政策与融资政策搭配。与前者相比，它只要求较小程度地削减财政赤字和紧缩银根，但同时要求动用官方储备或使用国际信贷。其结果是，在纠正国际收支逆差的同时，引发程度较轻的失业和社会动荡，但是会导致官方储备流失或债务增加。

三是用支出增减型政策与支出转换型政策搭配。与方法一相比，它要求较小程度地削减财政赤字和紧缩银根，但同时要求货币贬值。其结果是，在纠正国际收支逆差的同时，引发程度较轻的失业和社会动荡，但是可能引起外汇市场混乱和未来的通货膨胀。

正确的政策搭配是国际收支调节成功的核心，对某种性质的国际收支不平衡采用不同的政策搭配进行调节，会产生不同的调节成本。国际收支调节政策搭配的最终目标是实现调节成本最小化，这个目标也就是在开放经济条件下低成本地实现"内外均衡"。

第三节　内外均衡的矛盾及政策搭配调节

开放是世界经济发展的趋势。开放为经济提供了许多封闭条件下不具备的有利条件，但也对经济的稳定与发展造成了很大的冲击。因此，在开放条件下，政府对经济进行调控的中心任务，就是在实现经济稳定与发展的同时，合理有效地解决这两者之间存在的矛盾。英国经济学家詹姆斯·E. 米德（James E. Meade）是最早研究这一问题的人，所以人们也将内外均衡的矛盾称为"米德冲突"。

一、米德冲突

米德于1951年在其名著《国际收支》中最早提出了固定汇率制下的内外均衡冲突问题。他指出，在固定汇率制和开放条件下，政府在运用总量政策调节经济时，就可能会出现内外均衡难以兼顾的情形。如果将外部均衡表述为国际收支平衡，将内部均衡表述为既无失业也无通货膨胀，那么在开放条件下，一国可能面临的内外部经济状况组合就有以下几种，如表2-1所示。

表2-1　内外部经济状况组合

情况	内部经济状况	外部经济状况
1	经济衰退/失业增加	国际收支逆差
2	经济衰退/失业增加	国际收支顺差
3	通货膨胀	国际收支逆差
4	通货膨胀	国际收支顺差

如果以内部均衡为优先目标，那么在上述第二种、第三种情况下，对内外均衡的追求是不矛盾的。以第二种情况为例，为实现经济的内部均衡，显然要求政府采取增加社会总需求的措施进行调控，这便会导致进口相应增加，在出口保持不变时，就会使原有的国际收支顺差状况得以改变，国际收支趋于平衡。这样，政府在采取措施实现内部均

衡的同时，也对外部均衡的实现产生了积极影响，因此第二种情况是内外均衡一致的情况。但第一种和第四种情况则意味着内外均衡之间存在冲突，因为政府通过调节社会总需求实现内部均衡的同时，会导致外部经济状况距离均衡目标更远。以第一种情况为例，政府通过扩大需求来增加就业的同时，也会引起进口需求增加，从而导致国际收支逆差进一步扩大。

反之，如果以外部均衡为优先目标，则内外均衡矛盾的表现又有所不同。比如，政府试图用调整汇率的办法优先解决外部不均衡的问题，那么显而易见，在第一种情况下，本币贬值在增加出口的同时，可以增加就业和减少国际收支逆差；但在第三种情况下，本币贬值可以减少国际收支逆差，但会加剧通货膨胀。类似地，本币升值在第四种情况下不会使内外均衡产生矛盾，但在第二种情况下就会使内外均衡产生矛盾[1]。上述分析意味着，首先考虑的是内部均衡还是外部均衡，会使内外部经济的矛盾组合有相反的表现形态。

二、经济的开放性与内外均衡

由于政府的目标是多方位的，在这样的多重目标体系内本身就存在着冲突。即使只考虑内部均衡目标，也至少有经济增长、充分就业、价格稳定这三大主要经济目标，而这三个目标是存在冲突的。例如，失业与通货膨胀之间可能存在相互替换关系，经济增长在增加就业的同时，往往会带来通货膨胀。可以说，在封闭经济中，政策调控的主要课题在于协调这三者的冲突，确定并实现这三者的合理组合。

在开放经济中，政府的政策目标体系发生了改变，目标变量进一步增加，不仅内部均衡的冲突依然存在，而且内部均衡目标与国际收支平衡这一新目标之间的冲突成为经济面临的突出问题。

在开放条件下，直接影响内外均衡目标的变量进一步增多，这些变量通过各种机制发生着复杂的联系。政府既要保持内部经济的相对稳定、避免通货膨胀和失业，也要利用经济的开放，通过商品、劳务、资金的国际流动来增加本国福利。内外均衡的统一，即内在稳定性与合理开放性的结合，就成为政府的政策目标。在开放经济的运行中，经济同时处于内外均衡区间的情况是很少的，各种变量变动造成的冲击都会使经济偏离最佳区间。因此，政府必须运用可控制的变量即政策工具来实现经济的内在稳定与合理开放。在一定情况下，经济的内在稳定性与合理开放性对这些变量的调整要求可能是有冲突的，即实现某一目标会带来另一目标的恶化。这就形成了内外均衡的冲突。

固定汇率制下内外均衡冲突的原因大致可以分为以下三类：

第一，国内经济情况的变化。例如，在一国经济处于内外均衡时，该国消费者的消费偏好发生了改变，人们更倾向于购买本国产品。这种转变一方面增加了对国内产品的

---

[1] 应该注意到，米德的分析针对的是固定汇率制，同时也没有考虑到资金流动对内外均衡的影响。

需求，造成通货膨胀的压力，另一方面导致了经常账户顺差的增加。

第二，国际间经济波动的传递。这种波动可分为实物性与金融性两类。

（1）实物性波动的传递。这种波动主要是通过贸易渠道传递的。假定 A、B 两国互为贸易伙伴，当 B 国国内需求发生收缩、经济陷入衰退时，B 国对 A 国产品的进口就会下降。对于 A 国来说，这会导致其经常账户逆差增加，同时出口下降又会造成总需求不足，带来经济衰退。

（2）金融性波动的传递。这种波动是通过金融变量传递的。如果国际金融市场上的利率上升，一国为了维持汇率稳定及防止资本大量流出，势必要提高国内利率，这会对国内经济产生紧缩作用，给内部均衡带来干扰或破坏，从而产生内外均衡冲突的问题。

第三，国际游资的投机性冲击。自 20 世纪 80 年代以来，随着经济总体开放程度的提高，国际投机性资金的流动对一国经济的内外均衡产生越来越大的影响。例如，当预期一国货币即将贬值时，政府必须提高利率以补偿预期的贬值率，维持资金流动的稳定，这就会压制国内的投资和消费，给国内经济带来冲击，影响内部均衡目标的实现。需要指出的是，这种资金的投机性流动常常与一国经济的基本面无关。

因此，在开放经济条件下，内部均衡与外部均衡是相互影响的，它们之间存在着非常复杂的关系。政府采取措施努力实现某一均衡目标的同时，可能会带来另一均衡问题的改善，也可能对另一均衡问题造成干扰或破坏。前者称为内外均衡的一致，后者称为内外均衡的冲突。政策搭配就是为了解决这一矛盾。

三、内外均衡矛盾的政策调节

在这方面，最著名的政策调节理论是简·丁伯根（Jan Tinbergen）的目标-工具原则和罗伯特·A. 蒙代尔的有效市场分类原则。

1. 丁伯根的目标-工具原则

丁伯根最早提出了将政策目标和工具联系在一起的理论，指出要实现若干个独立的政策目标，至少需要相互独立的若干个有效的政策工具。

首先可以用一个简单的例子来分析丁伯根的目标-工具原则。假定只存在两个目标 T_1 和 T_2，两种工具 I_1 和 I_2，同时一般假定目标是工具的线性函数，则

$$\begin{cases} T_1 = a_1 I_1 + a_2 I_2 \\ T_2 = b_1 I_1 + b_2 I_2 \end{cases} \tag{2.1}$$

工具对目标的效果由其前面的系数决定，如果某种工具前面的系数为 0，就表示该工具对目标没有作用。这就意味着，只要能够控制两种工具，而且每种工具对目标的影响是独立的，决策者就能通过两种工具的配合达到理想的目标。

从数学上看，只要 $\dfrac{a_1}{b_1} \neq \dfrac{a_2}{b_2}$（两种工具线性无关），就可以求解出达到最佳目标水平

T_1^* 和 T_2^* 时所需要的 I_1 和 I_2 的水平，即

$$\begin{cases} I_1 = \dfrac{b_2 T_1^* - a_2 T_2^*}{a_1 b_2 - b_1 a_2} \\ I_2 = \dfrac{a_1 T_2^* - b_1 T_1^*}{a_1 b_2 - b_1 a_2} \end{cases} \quad (2.2)$$

当 $\dfrac{a_1}{b_1} = \dfrac{a_2}{b_2}$ 时，这意味着两种工具对这两个目标有着相同的影响，也就是说，这时只有一个独立的工具，而目标却有两个。对于开放经济而言，这一结论意味着：如果只运用支出增减型政策来调节支出总量，是不能够同时实现内外均衡两个目标的，必须寻找另一个独立的政策工具与之配合。

上述求解过程可用矩阵表示：

$$\begin{bmatrix} a_1 & a_2 \\ b_1 & b_2 \end{bmatrix} \begin{bmatrix} I_1 \\ I_2 \end{bmatrix} = \begin{bmatrix} T_1 \\ T_2 \end{bmatrix}$$

更普遍地可将 a_1，a_2，b_1，b_2 分别写成 a_{11}，a_{12}，a_{21}，a_{22}。

相应的矩阵方程为

$$\begin{bmatrix} a_{11} & a_{12} \\ a_{21} & a_{22} \end{bmatrix} \begin{bmatrix} I_1 \\ I_2 \end{bmatrix} = \begin{bmatrix} T_1 \\ T_2 \end{bmatrix}$$

即 $\boldsymbol{A} \times \boldsymbol{I} = \boldsymbol{T}$，当政策目标 $\boldsymbol{T}^*$ 给定时，只要 $\boldsymbol{A}$ 是可逆的（现实意义对应着"这些政策相互独立"），就可以求出相应政策力度的政策矩阵 $\boldsymbol{I}^*$，它是唯一的（$\boldsymbol{A}^{-1}$ 表示 $\boldsymbol{A}$ 的逆矩阵）：

$$\boldsymbol{I}^* = \boldsymbol{A}^{-1} \boldsymbol{T}^* \quad (2.3)$$

类似地，当有 N 个目标时，只要有至少 N 个线性无关的政策工具，就可以实现这 N 个目标的调节。相应的矩阵方程为

$$\begin{bmatrix} a_{11} & a_{12} & \cdots & a_{1N} \\ a_{21} & a_{22} & \cdots & a_{2N} \\ \vdots & \vdots & & \vdots \\ a_{N1} & a_{N2} & \cdots & a_{NN} \end{bmatrix} \begin{bmatrix} I_1 \\ I_2 \\ \vdots \\ I_N \end{bmatrix} = \begin{bmatrix} T_1 \\ T_2 \\ \vdots \\ T_N \end{bmatrix}$$

只要 $\boldsymbol{A}$ 可逆，同样可以求得达到目标的唯一的政策矩阵 $\boldsymbol{I}^*$：

$$\boldsymbol{I}^* = \boldsymbol{A}^{-1} \boldsymbol{T}^* \quad (2.4)$$

丁伯根的目标-工具原则及其实现过程实际上要求以下条件：各种政策工具可以供决策者集中控制，从而可以通过各种工具的紧密配合实现政策目标。但是，丁伯根的目标-工具原则没有明确指出应该用哪种工具去侧重调控哪个目标。这个不足既是一个理论缺陷，也会使该原则在实际运用中受到相应的限制。

2. 蒙代尔的政策指派与有效市场分类原则

蒙代尔于 20 世纪 60 年代提出的关于政策指派的有效市场分类原则在相当程度上弥补了丁伯根目标-工具原则的上述缺陷。

蒙代尔对政策调控的研究基于这样一个出发点：在许多情况下，不同的政策工具实际上掌握在不同的决策者手中，这时是分散决策而不是集中决策。例如，制定货币政策是中央银行的权限，制定财政政策则是财政部门的事情。如果决策者并不能紧密协调这些政策，而是独立地进行决策的话，就不能有一个决策者确定的最佳目标矩阵 T^*，当然也就难以实现最佳的政策目标。蒙代尔得出的结论是：只有合理地将每一个工具指派给一个目标，并且在该目标偏离其最佳水平时按规则进行调控，在分散决策的情况下才有可能实现最佳调控目标。

蒙代尔提出了用"有效市场分类原则"来完成工具和相应目标的指派。这一原则的含义是：每一个目标应当指派给对这个目标有着相对最大影响力的工具。如果在指派问题上出现错误，轻则政策效果不显著，重则经济会产生不稳定，甚至会越来越偏离均衡点。根据这一原则，蒙代尔区分了财政政策、货币政策在影响内外均衡上的不同效果，提出了以货币政策实现外部均衡目标、以财政政策实现内部均衡目标的指派方案。

判断政策对目标影响力的大小，主要是根据线性方程中政策变量前面的系数及这些系数之间的关系进行的。下面以两个目标、两种政策的情况来进行说明。

（1）如果 a_1，a_2，b_1，b_2 中任有一个为零，那么政策指派就非常清楚了，若 $a_1 = 0$，则

$$T_1 = a_2 I_2$$
$$T_2 = b_1 I_1 + b_2 I_2$$

应该把工具 I_2 指派给目标 T_1，而把工具 I_1 指派给目标 T_2。即如果一个工具对某个目标没有影响，那么就应该把该工具指派给另一个目标。

（2）如果 $a_1 = a_2 = 0$ 或 $b_1 = b_2 = 0$，此时只有一个线性方程，不存在能够同时实现两个目标的政策指派。

（3）如果 $a_1 = b_2 = 0$，$a_2 \neq 0$，$b_1 \neq 0$，这时

$$T_1 = a_2 I_2$$
$$T_2 = b_1 I_1$$

显然，应该把工具 I_2 指派给目标 T_1，而把工具 I_1 指派给目标 T_2。

（4）如果四个系数中有三个或三个以上为零，就不可能同时实现两个目标。

（5）如果不同工具前的系数的绝对值大小关系，在两个线性方程里刚好相反，如 $|a_1| > |a_2|$，$|b_1| < |b_2|$，那么就应该把工具 I_1 指派给目标 T_1，而把工具 I_2 指派给目标 T_2。这种情况可以看成是每种工具对相应的某种目标有着绝对优势，在这里就是 I_1 对 T_1 有绝对优势，I_2 对 T_2 有绝对优势。因此，它们应该被分别指派给其有着绝对优势

的对象。这被称为"绝对优势原则"。

（6）如果在两个线性方程里，不同工具前的系数的绝对值大小同向，如 $|a_1|>|a_2|$，$|b_1|>|b_2|$，这时就要比较 $\frac{|a_1|}{|a_2|}$ 和 $\frac{|b_1|}{|b_2|}$。如果一方大于另一方，这种情况可以看成是某种工具相对于另一种工具而言，对所有的目标都拥有绝对优势，但另一种工具对某一个目标具有比较优势。如果 $\frac{|a_1|}{|a_2|}>\frac{|b_1|}{|b_2|}$，这就意味着工具 I_1 对所有目标有绝对优势，而工具 I_2 对目标 T_2 有比较优势（因为 $\frac{|b_2|}{|b_1|}>\frac{|a_2|}{|a_1|}$），表明 I_2 的相对作用在以 T_2 为目标的第二个方程里要比在第一个方程里大，根据不同目标指派给不同工具的宗旨，工具 I_2 应该指派给目标 T_2，工具 I_1 应该指派给目标 T_1。根据比较优势指派目标对象的情况称为"比较优势原则"。

蒙代尔提出了特定的工具实现特定的目标这一指派问题，丰富了开放经济的政策调控理论，它与丁伯根的目标-工具原则一起确定了开放经济下政策调控的基本思想。政策-目标间的指派与协调常被称为"政策搭配"。人们通常将两人的贡献称为"丁伯根原则和蒙代尔法则"。

四、内外均衡线与政策搭配

下面我们将以几何模型的方式进一步讨论内外均衡线与政策搭配问题。

这里内部均衡的指标化定义是指：投资＝储蓄。

而外部均衡的指标化定义是指：资金流出＝资金流入，即国际收支平衡。

这里要考虑的是两类最重要的政策搭配：财政政策与货币政策的搭配和支出增减型政策与支出转换型政策的搭配。

1. 财政政策与货币政策的搭配

以利率大小表示货币政策松紧，以政府支出表示财政政策松紧。建立如图 2-5 所示的坐标系。纵坐标不是直接用利率 i 而是用 $1-i$，是因为这样符合纵坐标值越大，表示货币政策越宽松，纵坐标值越小，表示货币政策越紧缩的惯例。

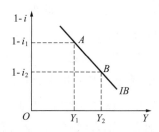

图 2-5　财政政策与货币政策搭配时的内部均衡线

根据 IS-LM 理论可知，内部均衡是可以达到的，假定 A 就是一个满足内部均衡的点,从而就确定了 A 的坐标是 $(Y_1, 1-i_1)$。下面寻找另一个满足内部均衡的点。

另一个满足内部均衡的点如果支出较高,如为 Y_2,那么这种高于 Y_1 的支出水平必然需要一个较高的投资水平来达到,内部均衡要求的 $I=S$ 又决定了相应的储蓄水平一定较高,这种较高的储蓄水平当然必须要求一个较高的利率 i_2(请回忆储蓄曲线的形状),在图 2-5 中就对应着较小的 $1-i_2$,即这第二个点 B 的纵坐标必须相对于 A 向下移动。这样就得到坐标系里的另一个点 $B(Y_2, 1-i_2)$。同理还可以得到其他的点 $(Y_3, 1-i_3)$,$(Y_4, 1-i_4)$,…。将这些点连接起来,就得到了坐标系里的 IB 线。由于 IB 线上的点都满足"投资=储蓄",所以 IB 线就是"内部均衡线"。

从政府支出的角度考虑,对 IB 线表现出左高右低还可以这样解释:政府支出增加时,只需要较少的民间支出就可以维持内部均衡,也就是说此时可以相容较高的利率;反之,政府支出较少时,就需要较多的民间支出才能维持内部均衡,这就要求较低的利率。

下面再讨论外部均衡线的形成。外部均衡线的确定如图 2-6 所示。

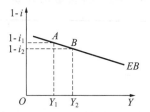

图 2-6 财政政策与货币政策搭配时的外部均衡线

根据丁伯根原则和蒙代尔法则可知,外部均衡是可以达到的。假定 A 就是一个满足外部均衡的点,从而就确定了 A 的坐标是 $(Y_1, 1-i_1)$。下面寻找另一个满足外部均衡的点。

另一个满足外部均衡的点如果支出较高,如为 Y_2,那么这种高于 Y_1 的支出水平必然导致更大的进口,这意味着资金流出增加,外部均衡被打破。要重新恢复外部均衡,根据国际收支平衡的原则,必须要求一个较高的利率 i_2 来吸引资本项目下的资金流入,在图 2-6 中就对应着较小的 $1-i_2$,即这第二个点 B 的纵坐标也必须相对于 A 向下移动。这样就得到坐标系里的另一个点 $B(Y_2, 1-i_2)$。同理还可以得到其他的点 $(Y_3, 1-i_3)$,$(Y_4, 1-i_4)$,…。将这些点连接起来,就得到了坐标系里的 EB 线。由于 EB 线上的点都满足"资金流入=资金流出",所以 EB 线就是"外部均衡线"。

对 EB 线如此倾斜的经济学解释是:本国利率低时,本币贬值,出口增加,这时可容忍较多的进口,即进口需求上升,这就意味着外部均衡时本地需求较低(支出较低);反之,本国利率高时,本地需求也必须较高,就会有较大的支出。

EB 线和 IB 线的斜率均为负值,但斜率的大小是有差别的。这种差别主要是由内部均衡线与外部均衡线对国内支出和利率的不同敏感性决定的。内部均衡线表现的是投资与储蓄（供给与需求）平衡的关系，支出的变动直接就是需求的变动。而支出对外部均衡的影响，则要通过边际进口倾向作用于支出来发挥。通常，边际进口倾向远小于1，这意味着支出变动中只有一个较小的比例对进口产生影响。因此，内部均衡线对支出的敏感性就要大于外部均衡线，即当支出做出一定幅度的变动时，这种变动在 IB 线上引起的位移要大于在 EB 线上引起的位移。

在国际间的套利机制下，一国的利率变动当然对资金的流出和流入有重要影响，这就是 EB 线对利率变动更敏感的基础。EB 线对利率变动更敏感的几何表示，就是 EB 线比 IB 线更加"平缓"，利率变动在 EB 线上引起的位移更大。

虽然 IB 线、EB 线的斜率均为负值，但两者的斜率不同决定了它们会相交，其交点就是内部、外部同时均衡的点，交点所对应的利率和支出水平就是内外均衡的利率和支出水平。

图 2-7(a) 反映了上述情况。显然，支出变动 ΔY 在 IB 线上引起更大的位移，而利率变动 Δi 在 EB 线上引起更大的位移。

正是基于内部均衡线与外部均衡线对国内支出和利率的不同敏感性，蒙代尔提出了用财政政策与货币政策的搭配来解决内部均衡和外部平衡的矛盾。

在财政政策与货币政策的搭配图中，IB 线表示国内经济达到均衡。在这条线的左边，表示一定利率下支出太小，或者一定支出下利率太高，国内经济处于衰退和失业状态；在这条线的右边，则表示支出过大或利率过低，国内经济处于通货膨胀状态。EB 线表示国际收支达到平衡。在这条线的上边，表示利率过低、支出过大，结果资金外流，国际收支出现逆差；在这条线的下边，表示利率过高、支出不足，结果资金内流，国际收支出现顺差。

蒙代尔认为，当国内宏观经济和国际收支都处于失衡状态 [图 2-7(b) 中区域Ⅱ的 A 点] 时，应采用扩张性财政政策来解决经济衰退问题，扩大预算，使 A 点向 B 点移动。同时，应采用紧缩性货币政策来解决国际收支问题，使 B 点向 C 点移动。扩张性财政政策与紧缩性货币政策如此反复搭配使用，最终会使 A 点趋近于 E 点。在 E 点，不仅国内经济达到均衡，而且国际收支也达到平衡，内外均衡都得以实现。

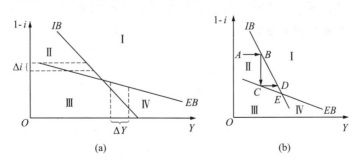

图 2-7　财政政策与货币政策搭配对非均衡的调节

上述政策搭配的原理可同样推广到区域Ⅰ、区域Ⅲ和区域Ⅳ。几种不同的政策搭配结果如表 2-2 所示。

表 2-2　不同的经济状况与财政政策和货币政策的不同搭配

区域	内部经济	外部经济	财政政策	货币政策
Ⅰ	通货膨胀	国际收支逆差	紧缩	紧缩
Ⅱ	失业、衰退	国际收支逆差	扩张	紧缩
Ⅲ	失业、衰退	国际收支顺差	扩张	扩张
Ⅳ	通货膨胀	国际收支顺差	紧缩	扩张

2. 支出增减型政策与支出转换型政策的搭配

这种政策搭配是由威尔弗雷德·E. G. 索尔特（Wilfred E. G. Salter）和特雷弗·W. 斯旺（Trevor W. Swan）提出的，其基本内容是，用支出增减型政策解决内部均衡问题，用支出转换型政策解决外部均衡问题。

在上一部分讨论财政政策与货币政策搭配的时候，最后归结为利率和支出对均衡的影响。但在这里讨论支出增减型政策与支出转换型政策搭配的时候，情况就有所不同。支出增减型政策实际上包括了财政政策和货币政策，财政和货币的扩张与收缩就是支出增减。在这里与之对应的是支出转换型政策，其目标是使支出在国内需求和国外需求之间转移，其政策工具包括汇率、关税、补贴、配额等。由于模型研究的前提是开放的市场经济，因此抛开关税、补贴、配额等带有行政色彩的手段，就只考虑汇率对支出的分配作用。下面的分析所涉及的就是汇率 e 与支出 Y 对均衡的影响。在这样的情况下，内部均衡线和外部均衡线的形成过程，就都与财政政策和货币政策搭配时有所不同。

对于内部均衡线的形成过程，我们将结合图 2-8 进行说明。

设一开始 A 点处于内外均衡状态。当本币升值（e 向下偏离均衡状态）时，本币的购买力上升。比如，人们用同样的本币能够购买到更多的进口商品，本币的购买力上升，也就是本币的实际收入上升，这时储蓄就会增加，内部均衡被破坏。为了使内部重新均衡，就需要增加投资，即需要增加支出。反之，当 e 上升（本币贬值）时，本币的实际收入下降，储蓄减少，这意味着需要减少投资（减少支出）才能达到内部均衡，所以这时的内部均衡线就是图 2-8 中的左高右低的 IB 线。

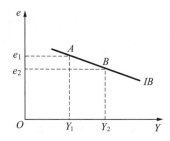

图 2-8　支出增减型政策与支出转换型政策搭配时的内部均衡线

要说明外部均衡线的形成过程，我们同样设一开始 A 点处于内外均衡状态，如图 2-9 所示。

当本币升值（e 向下偏离均衡状态）时，本国出口下降、进口上升，资金外流，这时外部均衡被破坏。为了使外部重新均衡，就需要减少支出（也就减少了进口开支）。反之，当 e 上升（本币贬值）时，出现顺差，那就需要增加支出（增加进口以冲销这些顺差）。这样，通过选取不同的汇率水平 e_1, e_2, …，可得到相应的满足外部均衡的支出水平 Y_1, Y_2, …，连接这些坐标点（Y_1, e_1），（Y_2, e_2），…，就得到了外部均衡线 EB。

注意 EB 线斜率为正，IB 线斜率为负，两者一定相交。交点为内外均衡点，相应的汇率和支出水平满足内外部经济同时均衡的要求。

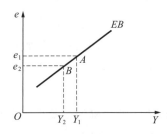

图 2-9　支出增减型政策与支出转换型政策搭配时的外部均衡线

在 IB 线的右边，有通货膨胀压力，因为在一定的汇率下，国内支出大于维持内部均衡所需要的国内支出；在 IB 线的左边，有通货紧缩压力，因为国内支出低于维持内部均衡所需要的国内支出。

EB 线表示实现外部均衡所要求的汇率与国内支出的组合。EB 线从右上方向左下方倾斜，这是因为汇率下降会增加出口、减少进口，所以要防止经常项目收支出现顺差，就需要扩大国内支出，以抵销进口的减少。在 EB 线的右边，国内支出大于维持经常项目平衡所需要的国内支出，结果出现经常项目收支逆差；在 EB 线的左边，就会出现经常项目收支顺差，如图 2-10(a) 所示。

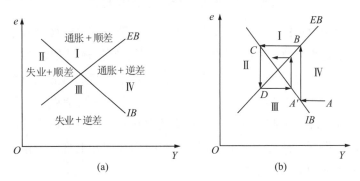

图 2-10　IB 线、EB 线的决定与内外均衡

由 IB 线和 EB 线划分的不同区域，其内外部经济状况组合如表 2-3 所示。

表 2-3　不同区域的内外部经济状况组合

区域	内部经济状况	外部经济状况
Ⅰ	通货膨胀	国际收支顺差
Ⅱ	失业增加	国际收支顺差
Ⅲ	失业增加	国际收支逆差
Ⅳ	通货膨胀	国际收支逆差

当经济处于失衡状态时，比如在区域Ⅳ的 A 点时，应削减国内支出，压缩总需求，使 A 点向 A′点移动；在 A′点，虽说内部失衡得到缓解，但外部失衡仍然存在，为达到经常项目收支平衡，就应该使本币贬值，改善国际收支，使 A′点向 B 点移动……因此，必须用代表支出转换的汇率政策与调节总量的支出政策搭配。显然，针对不同的内外失衡情况，所使用的政策搭配方法和顺序也会有所差别。但基本的思路是，利用支出增减型政策谋求内部均衡，而利用支出转换型政策谋求外部均衡，如图 2-10（b）所示。

蒙代尔法则的政策意义还在于，不正确的政策指派会与目标南辕北辙。当经济失衡于 A 点时，如果错误地用支出政策去追求外部均衡，用汇率政策来达到内部均衡，结果会越来越偏离均衡点 E^*，如图 2-11 所示。

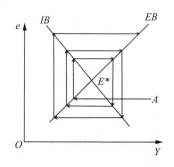

图 2-11　政策指派错误会适得其反

财政政策与货币政策的搭配，以及支出增减型政策与支出转换型政策的搭配，仅仅是政策搭配的两个范例。现实的经济生活要比理论上的论述复杂得多。在前面的论述中，假定经济衰退与通货膨胀不会同时出现，但实际上，它们可能同时存在，这就是已经发生过的"滞胀"。在这种情况下，政策搭配的任务就要复杂得多，常常还需要更多的政策工具。另外，在政策制定和执行过程中还要顾及外国可能做出的反应，如货币贬值可能引起外国的报复，使货币贬值在理论上可行而在实际上难以操作。总之，在实践中，国际收支的政策调节要复杂得多。

复习思考题

1. 国际收支的自动调节机制有哪些？它们是怎样进行调节的？
2. 内外均衡有哪几种矛盾？
3. 怎样同时实现内部均衡和外部均衡？其理论基础是什么？

第三章 国际收支调节的宏观和微观理论

在上一章，我们已经讨论了经济的内部均衡和外部均衡的协调，以及相应的经济政策的配合。而对于国际收支变动的原因，许多经济学家则分别从宏观的财政、货币、经济结构及微观的相对价格等方面进行了分析和论述。下面将对几种主要的理论展开讨论。

第一节 乘数论

乘数论（Multiplier Approach），也称收入论或收入分析法（Income Approach）。它分析的是在汇率和价格不变的条件下，收入变动在贸易层次的国际收支调节中的作用。因此，该理论不考虑国际资本流动，将国际收支等同于贸易收支。它的基本内容是：进口支出是国民收入的函数，自主性支出变动通过乘数效应引起国民收入变动，从而影响进口支出。

根据凯恩斯的乘数原理，一国的国民收入会因自主性支出变动而发生多倍的变动。在开放经济中，如果以 Y 表示国民收入，C_0 表示自主性消费，I_0 表示自主性投资，G 表示政府支出，X 表示出口，M_0 表示自主性进口，c、i 和 m 分别表示边际消费倾向、边际投资倾向和边际进口倾向，那么总消费、总投资和总进口就分别是 $C_0 + cY$、$I_0 + iY$ 和 $M_0 + mY$。凯恩斯主义的国民收入决定模型就为

$$Y = (C_0 + cY) + (I_0 + iY) + G + X - (M_0 + mY) \tag{3.1}$$

式（3.1）中的 cY、iY 和 mY 分别是受收入影响的诱发性消费、诱发性投资和诱发性进口。经整理后可得

$$Y = \frac{1}{1 - c - i + m}(C_0 + I_0 + G + X - M_0) \tag{3.2}$$

可见，C_0、I_0、G、X 和 M_0 变动都会带来国民收入的多倍变动，其变动的倍数为 $1/(1 - c - i + m)$。显然，凯恩斯主义倡导一国实现贸易盈余，主张鼓励出口、抑制进

口，以刺激经济，提高国民收入。这被称为"新重商主义"政策，在第二次世界大战后曾颇为流行。

由于进口随国民收入的增减而增减，贸易差额也就受国民收入的影响。由于这里不考虑国际资本流动，国际收支差额 F 就是贸易收支差额，于是就有

$$F = X - M = X - (M_0 + mY)$$

即

$$F = X - M_0 - \frac{m}{1-c-i+m}(C_0 + I_0 + G + X - M_0) \tag{3.3}$$

式（3.3）表明了影响国际收支差额的各种因素。其中，C_0、I_0 和 M_0 分别是自主性消费、自主性投资和自主性进口，一般不受政策的影响；作为出口的 X 则主要受国际市场的外部影响，只有 G 是政策可以调节的变量。一国可以通过需求管理政策来调节国际收支，具体而言，就是通过调节 G 来调节国际收支。

当一国国际收支出现逆差时，政府可以实施紧缩性财政政策和货币政策，降低投资和政府支出，以减少进口支出，改善国际收支；当一国国际收支出现顺差时，政府则可以实施扩张性财政政策和货币政策，提高国民收入，以增加进口支出，减少国际收支顺差。通过调节投资和政府支出来调节国际收支的具体效果，可以用国际收支差额对投资和政府支出的偏导数来表现。

由式（3.3）可知，国际收支差额变动与政府支出变动的关系为

$$\frac{\partial F}{\partial G} = -\frac{m}{1-c-i+m} \tag{3.4}$$

应该注意到，$c+i$ 不会超过 1 且 m 不是一个负数，那么式（3.4）就表明政府支出变动对国际收支差额具有负方向的影响：当政府支出增加时，对国际收支差额有逆差性的影响；当政府支出减少时，对国际收支差额有顺差性的影响。式（3.4）的右边就是上述影响的系数。

如果出口市场发生变化，这种国际市场需求变动与国际收支差额变动的关系为

$$\frac{\partial F}{\partial X} = 1 - \frac{m}{1-c-i+m} = \frac{1-c-i}{1-c-i+m} \tag{3.5}$$

可见，除了边际消费倾向和边际投资倾向外，国际收支的变动还取决于本国边际进口倾向 m 的大小，由于 $m = dM/dY$，dM/dY 又可进一步表示为进口需求收入弹性 $(dM/M)/(dY/Y)$ 与开放程度 M/Y 之积，m 的大小就取决于进口需求收入弹性和开放程度的高低。可见，一国开放程度越大，进口需求收入弹性越大，一定程度的紧缩政策所带来的国际收支改善程度就越大。

乘数论阐述了对外贸易与国民收入之间的关系，以及各国经济通过进出口相互影响的原理，对我们理解现实经济状况有一定的启发意义。该理论建立在凯恩斯乘数原理的基础上，但如果国内已处于充分就业状态，出口增加就意味着过度需求，将造成需求拉动的通货膨胀。出口增加所引起的总需求增加不同于投资增加所引起的总需求增加，后

者虽然也会引起通货膨胀，但从动态上看，经过一段时间后投资会形成新的生产能力，使供给增加，并在一定程度上抵销过度需求。但出口增加所引起的过度需求则不会形成生产能力，因此对价格上升的推动力更大。另外，应该注意到，乘数论没有考虑国际资本流动，因此它在应用上必然会受到这个前提的限制。

第二节　吸　收　论

吸收论（Absorption Approach），有时也称支出论（Expenditure Approach）。该理论研究的是收入和支出在国际收支调节中的作用。吸收论是 20 世纪 50 年代詹姆斯·E. 米德和西德尼·S. 亚历山大（Sidney S. Alexander）提出的。吸收论通过以下关系式将国际收支（贸易收支）与国民收入和支出联系起来：

$$Y = C + I + G + (X - M) \tag{3.6}$$

式（3.6）中的 Y、C、I、G、X 和 M 分别代表国民收入、消费支出、投资支出、政府支出、出口和进口。其中，$(X-M)$ 可记为 F，表示国际收支；将 $C+I+G$ 记为 A，称为吸收，反映本国居民的支出。由此就有

$$F = Y - A \tag{3.7}$$

虽然它只是一个会计等式，但被赋予了逻辑上的因果关系，吸收论认为等式左边的 F 为果，右边的 $Y - A$ 为因。这表明国际收支顺差是吸收小于收入的表现，而国际收支逆差则是吸收大于收入的表现。由此，要改善国际收支，最终要通过两条渠道实现，即增加收入和（或）减少吸收，或者更一般地说，相对于吸收提高收入。显然，吸收论的基本精神是以凯恩斯主义的有效需求管理来影响收入和支出行为，从而达到调节国际收支的目的。

在贬值对国际收支的影响上，该理论将吸收分为两部分：自主性吸收和诱发性吸收。如果用 a 表示一国的边际吸收倾向，也就是增加的收入（支出）中用于本国的部分，用 D 表示自主性吸收，即独立于收入变动的最起码的吸收，那么总吸收可以表示为

$$A = aY + D \tag{3.8}$$

将式（3.8）代入式（3.7），得

$$F = (1-a)Y - D \tag{3.9}$$

$$dF = (1-a)dY - dD \tag{3.10}$$

吸收论认为，贬值能否改善国际收支，取决于贬值能否降低吸收，提高国民收入。从式（3.10）来看，贬值的效果取决于三个方面：① 贬值对收入的影响反映在 dY；② 收入变化对吸收的影响反映在 a；③ 贬值对吸收的直接影响反映在 dD。

一、贬值对 dY 的影响

当一国货币贬值时,如果该国存在尚未充分利用的资源,贬值就会通过增加出口、减少进口带来产出的增加(dY)。只要边际吸收倾向小于 1,收入增加就可以使贸易收支改善,改善的程度为 $(1-a)\mathrm{d}Y$。这种效应也被称为"闲置资源效应"。

二、贬值对 a 的影响

一国货币贬值通常会造成贸易条件恶化,使实际收入下降。假设实际收入因贸易条件恶化而减少的数量为 t,在货币贬值之初,由于进出口数量不变,贸易差额也随之以同样的程度(t)恶化。之后,吸收会随着实际收入下降而减少 at 的数量,从而使贸易差额以 a 的幅度得到改善。综合来看,货币贬值通过贸易条件恶化对贸易差额的影响为 $(1-a)t$。显然,只有 $a>1$,贸易条件效应才会使国际收支改善。

闲置资源效应与贸易条件效应具有相互抵冲的作用。因此,贬值对国际收支改善的实际效果是模糊的,其最终结果取决于两个效应的大小对比。

三、贬值对 D 的影响

(1)现金余额效应。这是最重要的直接贬值效应。贬值会导致进口商品的价格上升,本国出现通货膨胀压力,现金余额的实际价值下降。这样,公众为了将实际现金余额恢复到意愿持有的水平,一方面会减少商品和劳务开支,即减少吸收;另一方面会变卖手中的证券,售出证券引起证券价格的下降,利率上升,这将进一步抑制消费与投资,再度减少吸收。

(2)收入再分配效应。贬值引起的价格上升将带来收入的再分配。由于各收入层次的边际吸收倾向不同,这就会影响吸收。一般来说,物价上涨所造成的收入再分配,有利于利润收入者,不利于工资收入者。但利润收入者的边际消费倾向低于工资收入者的边际消费倾向,故收入再分配的结果是整个社会的消费额减少。至于高收入者因此可能增加的投资,则随着投资边际收益的递减而递减,最终导致吸收总额减少。

(3)价格幻觉效应。在货币收入与价格同比例上升时,实际收入没有变化,但如果人们只注意价格的上升,而减少消费、增加储蓄,一国的吸收总额就会随之减少。

吸收论将一国国际收支的变动与整个宏观经济状况结合起来,使人们在分析国际收支问题时,不再局限于进出口分析,有助于人们加深对国际收支不平衡性质的认识。但是,吸收论也存在以下问题:

第一,吸收论建立在国民收入核算会计恒等式的基础上,但并没有对收入和吸收与贸易收支之间的关系进行深入的逻辑分析。收入和吸收固然会影响贸易收支,但贸易收支也会反过来影响收入和吸收。

第二,吸收论没有考虑到本币贬值后相对价格在国际收支调节中的作用。事实上,在本币贬值后，出口商品的国际价格下降，国际需求相应上升，这会拉动贸易品的国内价格上升，贸易品的国内价格相对于非贸易品上升。这样，贬值引起的贸易品国内价格相对上升在这个过程中的作用还是不可忽视的。

第三节 货币论

货币论（Monetary Approach）是由罗伯特·A. 蒙代尔、哈里·约翰逊和雅各布·A. 弗伦克尔（Jacob A. Frenkel）创立的，其理论基础是米尔顿·弗里德曼的现代货币数量论。该理论认为，实际货币需求是稳定的，实际产出也是稳定的，并强调货币市场存量对国际收支平衡的作用。

对于国际收支平衡的分析，前述的较早期的理论仅注重经常账户交易，而货币论则将国际资本流动也作为考察对象，强调国际收支的综合差额，而不仅仅是贸易差额。

货币市场均衡是指货币供给等于货币需求。货币需求是收入、价格和利率的函数，由于货币供给不影响实物产量（收入），实际货币需求就被视为一个不受货币供给影响的稳定函数。在这种情况下，不论是超额货币供给引起的货币市场失衡还是超额货币需求引起的货币市场失衡，都只有依靠货币供给的变化来消除。

一、货币论的前提

货币论有三个基本假定，其中前两个假定也是现代货币主义的假定。

（1）在充分就业均衡状态下，一国的实际货币需求是收入、利率等变量的稳定函数。

（2）从长期来看，货币需求是稳定的，货币供给变动不影响实物产量。

（3）贸易品的价格是由世界市场决定的，从长期来看，一国的价格水平和利率水平接近世界市场水平。

二、货币论的基本理论

从长期来看，可以假定货币供给与货币需求相等，如果用 M_s 表示名义货币供应量，M_d 表示名义货币需求量，那么货币论的基本等式可用以下公式表示：

$$M_s = M_d \tag{3.11}$$

如果用 P 表示本国价格水平，Y 表示国民收入，i 表示利率（持有货币的机会成本），那么货币论的货币需求方程式为

$$M_d = Pf(Y,i) \tag{3.12}$$

其中，$f(Y,i)$ 表示货币的实际需求函数，而 $Pf(Y,i)$ 表示对名义货币的需求。

再根据货币供给理论：

$$M_s = m(D + R) \quad (3.13)$$

其中，D 指国内提供的货币供应基数，即中央银行的国内信贷或支持货币供给的国内资产；R 是来自国外的货币供应基数，它通过国际收支盈余获得，以国际储备作为代表；m 为货币乘数，指银行体系通过辗转存贷使货币多倍扩大的系数。为叙述方便，这里可取 $m=1$。于是

$$M_s = D + R = M_d$$
$$R = M_d - D \quad (3.14)$$

式（3.14）是货币论的最基本方程式。这个方程式告诉我们：

（1）国际收支不平衡是一种货币现象。国际收支逆差，实际上就是一国国内的名义货币供应量 D 超过了名义货币需求量 M_d。由于货币供应量不影响实物产量，在价格不变的情况下，多余的货币就要寻找出路。对于个人和企业来讲，就会增加货币支出，以重新调整它们的实际货币余额；对于整个国家来讲，实际货币余额的调整便表现为货币外流，即出现国际收支逆差。反之，当一国国内的名义货币供应量 D 小于名义货币需求量 M_d 时，在价格不变的情况下，货币供应的缺口就要寻找来源。对于个人和企业来讲，就要减少货币支出，以使实际货币余额维持在所希望的水平；对于整个国家来讲，减少支出维持实际货币余额的过程，便表现为进口下降和收回资金（货币内流），即出现国际收支顺差。

（2）国际收支问题实际上反映的是实际货币余额（货币存量）对名义货币供应量的调整过程。当国内名义货币供应量与实际经济变量（国民收入、产量等）所决定的实际货币余额需求相一致时，国际收支便处于平衡状态。

虽然式（3.14）明确给出了国际收支差额（外汇储备变动）、国内货币供应量和国内货币需求量之间的数量关系，但是这个式子对经济过程中的因果关系的说明是很模糊的。在国际收支差额的货币表象背后，一定存在着真实的经济过程。下面将对此进行更清楚的经济学解释。

根据宏观经济学的原理可知，以下方程式成立：

$$Y = C + I + X - M$$
$$Y - C = I + X - M$$
$$S = I + X - M$$
$$S - I = X - M(= R)$$

这就是所谓的"双缺口模型"，它表明，当国内投资大于储蓄时，储蓄不足的部分必须通过净进口来弥补，这时出现国际收支逆差[①]。将这个过程对照式（3.14）可知，国内信贷扩张过多的部分正好对应着投资需求过大的部分（投资超过储蓄的部分），由于这种超额投资需求只能通过扩大进口来满足，这样就会形成国际收支逆差。

---

① 反之，当国内储蓄大于投资时，超额的储蓄部分必须通过净出口来抵销，这时出现国际收支顺差。

三、货币论对货币贬值的分析

货币论利用货币供给方程把货币供应的来源表示为国内部分和国外部分,从货币市场均衡的角度来分析国际收支平衡问题,这一基本原理成为关于汇率决定的"货币供求说"的基础。货币论在考察货币贬值对国际收支的影响时,假设"一价定律"成立①,上面的式(3.12)就可以改写为

$$M_d = eP_f f(Y, i) \qquad (3.15)$$

其中,e 为本币衡量的外币价格(直接标价法),这里的 P_f 为国外的价格水平,eP_f 就是本国的价格水平,而 $f(Y, i)$ 为本国的实际货币需求函数。当本国货币贬值时,e 上升,由此引起国内价格 eP_f 上升,由于实际货币需求 $f(Y, i)$ 是稳定的(意味着不减少),为使等式成立,则要求 M_d 相应地上升,从而 R 也上升。可见,M_d 的上升有助于使国际收支发生顺差(逆差减少),但这同时要求 D 不能增加。

综上所述,货币论关于货币贬值的逻辑关系的解释可归纳为:货币贬值引起国内价格上升、实际货币余额减少,从而对经济具有紧缩作用。货币贬值若要改善国际收支,则在 M_d 上升时,国内的名义货币供应量 D 不能增加。若 D 也同时增加,并且其增加大于或等于 M_d 的增加,则货币贬值不能改善国际收支。货币论认为,从长期来看,国内信贷 D 必然增加,这将导致货币贬值失去改善国际收支的效果。

四、货币论的政策主张

货币论的政策主张与现代货币主义的政策主张实际上是一脉相承的,归纳起来有以下几点:

第一,所有国际收支不平衡在本质上都是货币现象,国际收支不平衡都可以由国内货币政策来解决。

第二,国内货币政策主要指货币供应政策。因为实际货币需求是收入和利率的稳定函数,而货币供应则在很大程度上可由政府操纵。扩张性的货币政策使 D 增加,具有减少国际收支顺差的作用;而紧缩性的货币政策使 D 减少,具有减少国际收支逆差的作用。但它们都只能产生短期效应。

第三,为了平衡国际收支而采取的货币贬值、进口限额、关税、外汇管制等贸易和金融干预措施,只有当它们具有提高国内价格水平,进而提高名义货币需求时,才能改善国际收支。

第四,货币贬值改善国际收支的效果是暂时的。如果在施加干预措施的同时伴有国内信贷膨胀,则国际收支不一定能改善,甚至还可能恶化。这几乎是必然的,因为名义货币需求上升会迫使银行体系扩张信贷 D。

---

① "一价定律"指同一种商品的国内外价格(经汇率调整后)相等。详见第四章。

总之，货币论政策主张的核心是：在国际收支发生逆差时，应注重国内信贷的紧缩。由于这种紧缩常会导致国内经济萧条，这似乎意味着在内外均衡的权衡中，货币论更注重外部均衡。

第四节　结构论

结构论（Structural Approach）的主要倡导者，大多数是发展中国家或发达国家中从事发展问题研究的学者。因此，结构论的理论渊源同发展经济学密切相关。结构论在英国十分活跃，主要代表人物是保尔·史蒂芬（Paul Stephen）、托尼·克列克（Tony Klick）等。另外，英国曼彻斯特大学的一批经济学家，也是结构论的积极倡导者和支持者。这方面发展中国家的著名学者则应该首推劳尔·普雷维什（Raul Prebisch）和汉斯·W. 辛格（Hans W. Singer）。

一、结构论的基本内容

结构论认为，国际收支不平衡并不一定完全是由国内货币市场失衡引起的，货币论乃至以前的吸收论都是从需求角度出发对国际收支调节进行研究，但忽视了供给因素对国际收支的影响。就货币论来讲，它实际上主张的是通过压缩国内名义货币供应量来减少实际需求；就吸收论而言，它实际上主张的是通过紧缩性财政政策与货币政策来减少国内投资和消费需求；而结构论认为，国际收支逆差尤其是长期性的国际收支逆差既可以是长期性的过度需求引起的，也可以是长期性的供给不足引起的。而长期性的供给不足往往是由经济结构问题引起的。引起国际收支长期逆差或长期逆差趋势的结构问题有以下几种表现形式。

1. 经济结构老化

这是指科技和生产条件的变化及世界市场的变化，使一国原来在国际市场上具有竞争力的商品失去了竞争力，而国内由于资源没有足够的流动性等原因，经济结构不能适应世界市场的变化，由此造成出口供给长期不足，进口替代的余地持续缩小，结果对国际收支造成压力。

2. 经济结构单一

经济结构单一从两个方面导致国际收支的经常逆差：其一是单一的出口商品，其价格受国际市场价格波动的影响，使国际收支呈现不稳定现象。因为在出口多元化的情况下，一种出口商品的价格下降，会被另一种出口商品价格的上升抵销，整个国际收支呈稳定状态。而在出口单一的情况下，出口商品价格的下降，很容易直接导致国际收支的恶化。其二是由于经济结构单一，经济发展长期依赖进口，进口替代的选择余地几乎为零。在以矿产资源为主要出口商品的国家，其经济发展所需要的采矿机械、电力设备、交通工具等只能依靠进口，经济发展的速度和愿望越高，国际收支逆差或逆差倾向就越严重。

3. 经济结构落后

这是指一国出口商品的需求对收入的弹性低而对价格的弹性高，进口商品的需求对收入的弹性高而对价格的弹性低。当出口商品的需求对收入的弹性低时，别国经济和收入的相对快速增长不能导致本国出口数量的相应增加；当进口商品的需求对收入的弹性高时，本国经济和收入的相对快速增长却会导致本国进口数量的相应增加。在这种情况下，只会发生国际收支的收入性逆差，不会发生国际收支的收入性顺差，即国际收支的收入性不平衡具有不对称性。当出口商品的需求对价格的弹性高时，本国出口商品价格的相对上升会导致本国出口数量的相应减少；当进口商品的需求对价格的弹性低时，外国商品价格的相对上升却不能导致本国进口数量的相应减少。在这种情况下，货币贬值不仅不能改善国际收支，反而会恶化国际收支。同时，由货币和价格因素引起的国际收支不平衡也具有不对称性。

国际收支的结构性不平衡既是长期以来经济增长速度缓慢和经济发展阶段落后所引起的，又成为制约经济发展和经济结构转变的瓶颈。这样就会形成一种恶性循环：发展经济、改变经济结构需要有一定数量的投资和资本货物的进口，而国际收支的结构性困难和外汇短缺却制约着这种进口，从而使经济发展和经济结构转变变得十分困难。由于国际收支结构性不平衡的根本原因在于经济结构的老化、单一和落后，以及经济发展速度的长期缓慢、停滞和经济发展阶段的落后，支出增减型政策和支出转换型政策就不能从根本上解决问题，有时甚至会加剧国际收支的不平衡。

二、结构论的政策主张

结构论认为，既然国际收支不平衡是由经济结构的老化、单一和落后导致的，那么调节政策的重点就应放在改善经济结构和加速经济发展方面，以此来增加出口商品和进口替代品的数量及品种。改善经济结构和加速经济发展的主要手段是增加投资，提高资源的流动性，使劳动力、资金等生产要素能顺利地从传统行业流向新兴行业。经济结构落后的国家要积极增加国内储蓄，而经济结构先进的国家和国际经济组织应增加对经济结构落后国家的投资。经济结构落后的国家改善经济结构和加速经济发展，不仅有助于自身克服国际收支困难，同时也能增加从经济结构先进国家的进口，从而也有助于经济结构先进的国家出口和就业的增长。

结构论把国际收支不平衡完全归咎于结构问题后，就使国际收支不平衡问题长期化了。因为结构的调整常常需要许多年，这是否就意味着结构调整完成之前国际收支就无法改善了呢？长期的经济发展政策对相对短期的国际收支不平衡的调节可以奏效吗？我们很容易看到，在具有类似经济结构的国家，有的国家由于财政政策和货币政策不适当，就出现了国际收支不平衡；而有的国家由于财政政策和货币政策适当，就避免了国际收支不平衡。在考虑国际收支问题时，任何忽视需求的观点都是片面的。正因为如此，所有非"结构论"学派的经济学者都认为，结构论讲的实际上是经济发展问题，而不是国际收支问题。

第五节 国际收支调节的弹性分析

前文对国际收支问题的宏观分析都是从收入、消费、投资、货币供应等宏观经济变量着手的，在这样的分析过程中完全没有涉及进出口的价格问题。而在人们的常识中，进出口商品的价格高低，必然会影响进出口的数量。在本节中，我们正是要考察进出口商品的价格对国际收支（更准确地说是贸易收支）的影响。

一、进出口弹性的概念

商品价格的变动会引起商品需求数量和供给数量的变动。当价格变动一定百分比时，需求量也会变动一定百分比，后者与前者之比被定义为需求对价格的弹性，简称需求弹性；而当价格变动一定百分比时，供给量也会变动一定百分比，后者与前者之比则被定义为供给对价格的弹性，简称供给弹性。在国际收支中，涉及进口需求、进口供给、出口需求、出口供给，因此就有进口需求弹性、进口供给弹性、出口需求弹性、出口供给弹性这四个弹性概念。

但是，如果更具体更现实地考察则可以看到，虽然进出口商品的需求量和供给量都是"价格"的函数，但这里的"价格"并不具有同一性，而是有差别的。由于进口商品是在国内市场销售的，所以进口需求量是受国内市场价格（本币价格）影响的；由于出口商品是在海外市场或国际市场销售的，所以影响出口需求量的价格是出口商品的国际价格（如以美元标价的价格）。类似地，对于出口供给量而言，由于出口商品是国内生产厂商生产的，其生产成本是用本币计算的，所以影响出口供给量的价格是出口贸易商在该国（地区）市场采购的本币价格；对于进口供给量而言，由于进口商品是在国外生产的，生产者的成本要用外币核算，生产者愿意供给多少取决于进口贸易商的外币购买价。由此，可以得到进出口供求弹性的代数表达式。

记 D_m、D_x 分别为进口、出口商品的需求函数；

S_m、S_x 分别为进口、出口商品的供给函数；

P_d^m、P_d^x 分别为进口、出口商品的国内价格（本币价格）；

P_f^m、P_f^x 分别为进口、出口商品的国际价格（外币价格）。

则有 $D_m = D_m(P_d^m)$，即进口需求量是进口商品本币价格的函数；

$D_x = D_x(P_f^x)$，即出口需求量是出口商品国际价格的函数；

$S_m = S_m(P_f^m)$，即进口供给量是进口商品国际（采购）价格的函数；

$S_x = S_x(P_d^x)$，即出口供给量是出口商品国内（采购）价格的函数。

如果用 η_m、η_x 分别表示进口、出口商品的需求价格弹性，用 ε_m、ε_x 分别表示进口、出口商品的供给价格弹性，则由弹性的定义可得到以下四式：

$$\eta_m = \frac{\mathrm{d}D_m}{\mathrm{d}P_d^m} \cdot \frac{P_d^m}{D_m} \tag{3.16}$$

$$\eta_x = \frac{\mathrm{d}D_x}{\mathrm{d}P_f^x} \cdot \frac{P_f^x}{D_x} \tag{3.17}$$

$$\varepsilon_m = \frac{\mathrm{d}S_m}{\mathrm{d}P_f^m} \cdot \frac{P_f^m}{S_m} \tag{3.18}$$

$$\varepsilon_x = \frac{\mathrm{d}S_x}{\mathrm{d}P_d^x} \cdot \frac{P_d^x}{S_x} \tag{3.19}$$

二、弹性理论的应用：马歇尔-勒纳条件

货币贬值会引起出口商品的国际价格和进口商品的本币价格变动，于是出口需求量和进口需求量也会相应于上述价格变化进行调整，结果是汇率变化同时引起进出口价格和数量的变化，也就引起了进出口金额的变化，使贸易收支产生了不确定性。英国剑桥大学的琼·罗宾逊（Joan Robinson）在马歇尔局部均衡理论的基础上对上述问题进行了研究，对一定条件下本币贬值对贸易收支和贸易条件的影响得出了结论。这个研究被称为弹性论（Elasticity Approach），其核心内容就是"马歇尔-勒纳定理"或"马歇尔-勒纳条件"（Marshall-Lerner Condition）。

马歇尔-勒纳条件认为，在总收入不变、贸易品的供给具有完全弹性的条件下，货币贬值能够改善国际收支的必要条件是：出口商品和进口商品的需求汇率弹性之差大于1，即

$$\eta_x - \eta_m > 1 \tag{3.20}$$

在以下马歇尔-勒纳条件的证明中，贸易品的供给具有完全弹性的假定具有重要意义。由于这一假定，在汇率变动时，出口商品的本币价格和进口商品的外币价格保持不变，S_x、S_m 为水平线，如图3-1所示。

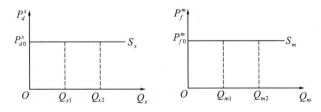

图3-1　完全弹性下的进出口供给

在这种情况下，即使出口量从 Q_{x1} 增加到 Q_{x2}，进口量从 Q_{m1} 增加到 Q_{m2}，出口商品和进口商品的供给者并不能提高价格（P_d^x、P_f^m 不变）。这表明马歇尔-勒纳条件实际上是以古典理论的完全竞争条件为基础的。

在这种条件下，$\mathrm{d}P_d^x$、$\mathrm{d}P_f^m$ 均为零，于是国际（贸易）收支差额就可以用本币表示为

$$F = X - RM = P_d^x Q_x - R P_f^m Q_m \tag{3.21}$$

其中，Q_x、Q_m 分别为出口商品量和进口商品量，P_f^m 为进口商品在国际市场的采购价格（外币价格），P_d^x 为出口商品在本国市场的采购价格（本币价格），R 为直接标价法下的汇率，则国际收支变化额为

$$\mathrm{d}F = \mathrm{d}X - \mathrm{d}(RM) = \mathrm{d}(P_d^x Q_x) - \mathrm{d}(R P_f^m Q_m)$$

因为 $\mathrm{d}P_d^x$、$\mathrm{d}P_f^m$ 均为零，所以

$$\mathrm{d}F = P_d^x \mathrm{d}Q_x - P_f^m Q_m \mathrm{d}R - R P_f^m \mathrm{d}Q_m \tag{3.22}$$

根据进出口弹性的定义，进出口弹性等于进出口数量的变化率与相应的价格变化率之比，而价格的变化率 $\mathrm{d}P/P$ 可以换成汇率的变化率 $\mathrm{d}R/R$，因为对于进出口贸易而言，当汇率变化时，价格也必然发生相应的变化，如当汇率由"1 外币 = 10 本币"变为"1 外币 = 11 本币"时，原来 1 外币的进口商品在国内的价格也就相应从 10 本币上升为 11 本币，出口商品的国际市场价格也发生相反的变化。这种两国价格水平不变，仅因汇率变动就导致贸易品在另一国售价发生变动的关系可用以下代数式清楚表达：

用 P_A、P_B 分别表示两国稳定的价格水平，这意味着 $\mathrm{d}P_A$ 和 $\mathrm{d}P_B$ 均为零，R 表示汇率，于是双方进行交易时的定价规则和价格变化规则分别为

$$P_A = R P_B, \quad \mathrm{d}P_A = R \mathrm{d}P_B + P_B \mathrm{d}R$$

因为 $\mathrm{d}P_B = 0$，所以 $\mathrm{d}P_A = P_B \mathrm{d}R$ 成立。这个等式表明，B 国不变的产品价格 P_B 将因汇率的变化而使其在 A 国的价格 P_A 发生相应的变动。类似地，汇率变化也会导致 A 国产品在 B 国的价格发生相应的变化。将此关系代入弹性表达式有

$$\eta = \frac{\mathrm{d}Q}{Q} \frac{P_A}{\mathrm{d}P_A} = \frac{\mathrm{d}Q}{Q} \cdot \frac{R P_B}{P_B \mathrm{d}R} = \frac{\mathrm{d}Q}{Q} \cdot \frac{R}{\mathrm{d}R}$$

于是，如果用 X、M 分别表示本币标价的出口金额和外币标价的进口金额，进出口需求弹性就可以分别写成

$$\eta_x = \frac{\mathrm{d}Q_x/Q_x}{\mathrm{d}R/R} = \frac{\mathrm{d}Q_x}{Q_x} \cdot \frac{P_d^x}{P_d^x} \frac{R}{\mathrm{d}R}$$

$$= \frac{\mathrm{d}(P_d^x Q_x)}{P_d^x Q_x} \frac{R}{\mathrm{d}R}$$

$$= \frac{\mathrm{d}X}{X} \frac{R}{\mathrm{d}R}$$

$$\eta_m = \frac{\mathrm{d}Q_m/Q_m}{\mathrm{d}R/R} = \frac{\mathrm{d}Q_m}{Q_m} \cdot \frac{P_f^m}{P_f^m} \frac{R}{\mathrm{d}R}$$

$$= \frac{\mathrm{d}(P_f^m Q_m)}{P_f^m Q_m} \frac{R}{\mathrm{d}R}$$

$$= \frac{\mathrm{d}M}{M} \frac{R}{\mathrm{d}R}$$

由上面两式可解出

$$\mathrm{d}X = \eta_x \frac{\mathrm{d}R}{R} X, \quad \mathrm{d}M = \eta_m \frac{\mathrm{d}R}{R} M \quad (3.23)$$

而

$$\mathrm{d}F = P_d^x \mathrm{d}Q_x - R P_f^m \mathrm{d}Q_m - Q_m P_f^m \mathrm{d}R$$

$$= \mathrm{d}(P_d^x Q_x) - R\mathrm{d}(P_f^m Q_m) - (P_f^m Q_m)\mathrm{d}R$$

$$= \mathrm{d}X - R\mathrm{d}M - M\mathrm{d}R \quad (3.24)$$

将（3.23）的两式代入（3.24），得

$$\mathrm{d}F = \eta_x \cdot X \cdot \frac{\mathrm{d}R}{R} - RM \cdot \eta_m \cdot \frac{\mathrm{d}R}{R} - M\mathrm{d}R$$

$$= (\eta_x X - \eta_m RM) \cdot \frac{\mathrm{d}R}{R} - M\mathrm{d}R$$

如果在开始时国际收支平衡，即 $X = RM$，则上式为

$$\mathrm{d}F = (\eta_x - \eta_m) \cdot RM \cdot \frac{\mathrm{d}R}{R} - M\mathrm{d}R$$

如果国际收支改善，即 $\mathrm{d}F > 0$，则

$$\mathrm{d}F = (\eta_x - \eta_m) \cdot RM \cdot \frac{\mathrm{d}R}{R} - M\mathrm{d}R > 0$$

$$\mathrm{d}F = (\eta_x - \eta_m) M\mathrm{d}R - M\mathrm{d}R > 0$$

$$\mathrm{d}F = [(\eta_x - \eta_m) - 1] \cdot M\mathrm{d}R > 0$$

M 是一正数，不影响 $[(\eta_x - \eta_m) - 1] \cdot M\mathrm{d}R$ 的符号，于是在国际收支改善（$\mathrm{d}F > 0$）时，$(\eta_x - \eta_m) - 1$ 和 $\mathrm{d}R$ 要么同时大于零，要么同时小于零，因为 R 是直接标价法下的汇率，$\mathrm{d}R$ 大于零就意味着本币贬值，这个结果就是马歇尔-勒纳条件。本币贬值改善国际收支的必要条件是

$$\eta_x - \eta_m > 1 \quad (3.25)$$

由于这里的弹性 η_x、η_m 是以汇率 R 的变动为基础计算的，所以 $\eta_x > 0$，$\eta_m < 0$。因此

$$-\eta_m = |\eta_m|$$

于是，在各种教材中，马歇尔-勒纳条件又表示为

$$|\eta_x| + |\eta_m| > 1 \quad (3.26)$$

三、非水平供给曲线下的进出口弹性

1. 非水平供给曲线

在马歇尔-勒纳条件及以后的哈伯格条件中，由于都有进出口供给曲线具有完全弹性的前提，因此本币贬值后，虽然出口量上升，但国内供给价格不变，或本币升值后，虽然进口量上升，但外国供给价格不变。但是，这种情况常常只是现实经济生活中的一个特例，通常的情况是，出口量上升时，国内供给价格也会上升，或进口量上升时，国外供给价格也会上升，这就是一般供给曲线下的状况，如图3-2所示。

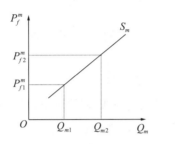
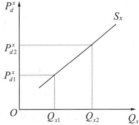

图 3-2　非完全弹性下的进出口供给

可见，随着进出口数量的增加，供给价格也相应上升了。这样，在汇率变化前后，进口商品的国际价格和出口商品的国内价格均不可能保持不变，此情此景超越了马歇尔-勒纳条件的设定，但确实是一种更普遍的经济现实。对这种情景进行细致的数学处理的理论框架，就是毕肯戴克-罗宾逊-梅茨勒条件。

2. 毕肯戴克-罗宾逊-梅茨勒条件

国际收支状况如果局限于贸易项目，就是用出口和进口的差额来表示。上述三位经济学家分别研究了一般情况下的进出口与汇率变动的关系，总结出了汇率变动对国际收支的影响。这个结果就是著名的毕肯戴克-罗宾逊-梅茨勒条件（Bickendike-Robinson-Metzler Condition）。由于推导过程复杂，这里只给出结果，即本币贬值改善国际收支的必要条件是下式成立：

$$\frac{\eta_x \eta_m (1 + \varepsilon_x + \varepsilon_m) - \varepsilon_x \varepsilon_m (1 + \eta_x + \eta_m)}{(\varepsilon_x - \eta_x)(\varepsilon_m - \eta_m)} > 0 \tag{3.27}$$

这就是毕肯戴克-罗宾逊-梅茨勒条件，即一般情况下本币贬值改善国际收支的必要条件。它远比在进出口供给弹性无穷大时的马歇尔-勒纳条件 $\eta_x - \eta_m > 1$ 复杂①。

在马歇尔-勒纳条件里，要求进出口都要具有水平的供给曲线，就是要求进出口供给弹性无穷大：$\varepsilon_x \to \infty$，$\varepsilon_m \to \infty$。这种情况下式(3.27)就是

---

① 我们还应该注意到，在前面马歇尔-勒纳条件的证明中，η_x、η_m 是通过进出口需求对汇率 R 求导得出的（都是对汇率的弹性）；而在毕肯戴克-罗宾逊-梅茨勒条件中，各种弹性值是有关函数对价格求导而得出的（都是对价格的弹性）。

$$-(1+\eta_x+\eta_m)>0$$

也就是

$$-\eta_x-\eta_m>1$$

应该注意到，这里的弹性都是用价格来计算的，即都是小于零的，从而就得到了马歇尔-勒纳条件：

$$|\eta_x|+|\eta_m|>1$$

可见，马歇尔-勒纳条件只是毕肯戴克-罗宾逊-梅茨勒条件的特殊形式。

四、汇率变动与国际贸易条件

国际贸易条件简称贸易条件，是指出口商品价格指数与进口商品价格指数之比。如果用 λ 表示贸易条件，那么

$$\lambda = P_d^x/P_d^m = P_f^x/P_f^m \tag{3.28}$$

上式是对贸易条件的最常见的表达，但实际上 λ 原来的意思是价格指数之比。如果用 P_{m0}、P_{x0} 分别表示进出口商品原来的价格（历史价格），P_m、P_x 分别表示进出口商品考察期的价格，则有

$$\lambda = \frac{P_x/P_{x0}}{P_m/P_{m0}} = \frac{P_x}{P_m} \cdot \frac{P_{m0}}{P_{x0}}$$

而 P_{x0}/P_{m0} 是既定的历史数据，λ 的变化完全由 P_x/P_m 决定，因此 λ 就用式（3.28）表示。特别地，还可假定初始时贸易条件为中性，即 $P_{x0}/P_{m0}=1$。

当 λ 上升（$d\lambda>0$）时，意味着 P_x/P_m 上升，这时，出口一定的本国商品可换回更多的外国商品，这种情况称为贸易条件改善或贸易条件上升。

当 λ 下降（$d\lambda<0$）时，P_x/P_m 下降，意味着必须出口更多的本国商品才能换回与以前相同的外国商品，这种情况称为贸易条件恶化或贸易条件下降。

可以证明（过程复杂，略），贸易条件和汇率之间的关系，实际上是由一系列弹性的组合表现出来的。这个组合关系式如下：

$$\frac{d\lambda}{dR} = \frac{P_f^x}{RP_f^m} \frac{\eta_x\eta_m - \varepsilon_x\varepsilon_m}{(\varepsilon_x-\eta_x)(\varepsilon_m-\eta_m)} \tag{3.29}$$

由于供给价格弹性均大于0，而需求价格弹性均小于0，可知必然有

$$\varepsilon_x-\eta_x>0, \varepsilon_m-\eta_m>0$$

因此，式（3.29）的符号就取决于分子的符号：

（1）当 $\eta_x\eta_m > \varepsilon_x\varepsilon_m$ 时，$d\lambda/dR > 0$。这意味着如果本币贬值（$dR>0$），则贸易条件改善（因为 $d\lambda$ 也必然大于零）；而如果本币升值（$dR<0$），则贸易条件恶化（因为此时 $d\lambda$ 一定小于零）。

（2）当 $\eta_x\eta_m = \varepsilon_x\varepsilon_m$ 时，$d\lambda/dR = 0$。这意味着无论汇率怎样变化，对贸易条件都没有影响。

(3) 当 $\eta_x\eta_m < \varepsilon_x\varepsilon_m$ 时，$d\lambda/dR < 0$。这意味着当本币贬值（$dR > 0$）时，贸易条件恶化（因为必然有 $d\lambda < 0$）；而当本币升值（$dR < 0$）时，贸易条件改善（因为此时 $d\lambda > 0$）。

这里我们已经看到，贸易条件的定义式为

$$\lambda = P_x/P_m$$

容易使人产生这样的困惑，即当本币贬值时，其直接后果是出口价格下降和进口价格上升，那么就应该是贸易条件恶化。而前面关于 $\eta_x\eta_m$ 与 $\varepsilon_x\varepsilon_m$ 的讨论表明，情况并不是这样简单的，只有在 $\eta_x\eta_m < \varepsilon_x\varepsilon_m$ 时，本币贬值才使贸易条件恶化，而在其他情况下，本币贬值并不会使贸易条件恶化，甚至会使贸易条件改善。出现这种情况的原因可能是因为没有把进出口价格的变化纳入一个互动的过程来考虑。如果考虑到价格变动对贸易双方的收入效应和回响效应，就可以知道本币贬值有使本国出口价格下降和出口数量增加的影响，也有使本国收入增加和进口增加的影响，还有使贸易对手收入减少和进口减少的影响。因此，本币贬值对 P_x/P_m 的影响就很复杂了，要看收入效应和回响效应对贸易双方的影响程度，而这种影响程度又主要由各种进出口弹性决定。这就不难理解，为什么汇率变动对进出口、国际收支和贸易条件的影响都表现为以供需弹性为主的各种组合。

知识拓展

关于出口需求弹性 η_x

1. 以价格变动为基础计算的价格弹性 η_x

$\eta_x = \dfrac{dD_x}{dP_f^x}\dfrac{P_f^x}{D_x}$，如果 $dP_f^x > 0$，价格上升，需求下降（$dD_x < 0$）；如果 $dP_f^x < 0$，价格下降，需求上升（$dD_x > 0$）。由于 dD_x 与 dP_f^x 的符号总是相反的，因此 $\eta_x < 0$。

2. 以汇率变动为基础计算的汇率弹性 η_x

$\eta_x = \dfrac{dD_x}{dR}\dfrac{R}{D_x}$，如果 $dR > 0$，本币贬值，出口商品的国际市场价格下跌，国际市场的需求量上升（$dD_x > 0$）；如果 $dR < 0$，本币升值，出口商品的国际市场价格上升，国际市场的需求量下降（$dD_x < 0$）。由于 dD_x 与 dR 的符号总是相同的，因此 $\eta_x > 0$。

结论：当分别用价格变动和汇率变动来计算 η_x 时，其符号不同。

J 曲线效应

在现实中，即使经济满足马歇尔-勒纳条件或者毕肯戴克-罗宾逊-梅茨勒条件，本币贬值带来国际收支的最终改善也常常需要一个或长或短的过程。更有甚者，在本币贬值后的一段时间内，国际收支会更加恶化。如果用横轴表示时间，横轴上的 t_0 表示一国货币贬值的时间，用纵轴表示国际收支改善情况，那么上述过程就在图 3-3 中表现为：随着本币贬值，国际收支出现恶化，然后恶化状况逐渐减轻，直至国际收支最终改善。国际收支变化过程的轨迹在图 3-3 中如同英文字母 J，因此这个过程被称为"J 曲线效应"。

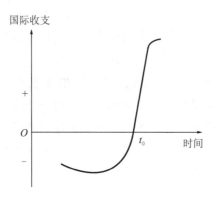

图 3-3　J 曲线效应图

"J 曲线效应"这一概念的使用，起源于 1967 年的英镑贬值，当时英国政府为改善国际收支而使英镑贬值，但英镑贬值后，英国的贸易收支并未立即得到改善，而是直到 1970 年，贸易赤字才得以消除。此后，人们就将英国贸易赤字变化与英镑贬值的关系称为"J 曲线效应"。

J 曲线效应与进出口活动中用本币还是外币标价有密切联系，同时还与时间变量有密切联系。人们将与之相联系的时间分为"合同期""过渡期""数量调整期"这样三个时期，而区分这三个时期的核心则是进出口合同的价格和数量变化特征。

"合同期"指的是汇率变化后的一个相对短暂的时期，在这个时期内，已经签订的进出口合同的价格和数量均无法调整，不论汇率发生怎样的变化都必须按合同执行。这时，进出口合同中的币种对本币贬值后的国际收支变化就具有重要影响。

如果进出口合同都是用本币签订的，那么在本币贬值后，已签订合同的进口并不会增加（本币）支出，而按本币计算的出口也不会减少收入，因此国际收支不会恶化。但是，这种用本币签订进出口合同的情况是不常见的，通常的情况是用外币签订进出口合同，对于发展中国家来说几乎没有例外。

当进出口合同全部用外币签订时，虽然按本币考虑时，可以看到进口本币额增加的比率和出口本币额增加的比率相同，但按外币考虑时，由于前提是已经处于逆差（因为考虑的情况是处于逆差中的国际收支的改善问题），即用外币表示的 $F_0 = M - X > 0$，本币贬值后，差额的变化情况为 $dF = d(M - X) > 0$，新的差额为 $F = F_0 + dF > F_0$，这表明本币贬值后国际收支逆差反而扩大了。

所谓"过渡期"，是指商品供给和需求暂时不能随着价格变动而及时发生相应变动的短暂时期。在这个较短的时期内，本币贬值虽然引起进口商品的本币价格上升，但进口需求尚未调整,因此进口数量不变,不能减少进口额;同时,外国对本国的出口需求也没有增加,这样本币贬值后这一相同数量的出口商品只能带来比以前更少的外汇收入,国际收支会恶化。

最后一个时期是"数量调整期",这是指过渡期已经结束,供给和需求的数量已随着本币贬值引起的价格变化进行了调整。在理想的马歇尔-勒纳条件或毕肯戴克-罗宾逊-梅茨勒条件成立的情况下,本币贬值使出口额上升和进口额下降的情况开始显现,国际收支出现改善。

1. 请思考如何利用实际的统计资料来计算有关的进出口弹性。
2. 汇率变动带来出口收入增加的条件是什么?
3. 汇率变动带来国际收支改善的必要条件是什么?
4. 为何发展中国家趋向于利用本币贬值来促进出口?

第四章 汇率决定的理论模型

第一节 汇率决定的购买力平价模型

汇率和价格水平之间的关系与货币数量论的发展是相联系的,购买力平价模型(Purchasing Power Parity)强调货币的购买力与汇率之间的决定与被决定关系。其基本思想是:货币数量决定物价水平和货币购买力,汇率取决于两国货币购买力的对比关系。在固定汇率制下,均衡汇率应该由两国的相对价格决定;在浮动汇率制下,汇率变动应该反映两国货币相对购买力的变化。购买力平价模型的理论基础是一价定律和货币数量说。

购买力平价理论的起源可追溯到16世纪的"铸币平价理论"。铸币平价理论认为,两种货币的汇率取决于铸币平价,也就是这两种金属货币含金量的多少。含金量影响货币的购买力,进而影响汇率,这是购买力平价思想的萌芽。18世纪初,瑞典经济学家古斯塔夫·卡塞尔(Gustav Cassel)首次使用"购买力平价"这一名词系统地阐述了汇率和价格水平之间的关系,并对购买力平价理论进行了实证研究,真正确立了购买力平价理论模型。

一、一价定律

购买力平价模型的基础是一价定律(One Price Law)。

一价定律的基本思想是:同一种物品(假定是商品序列里的第 i 种商品)在不同的国家应该有同样的价值,它在各国的价格按照货币比价换算后应该是相同的。用公式表示就是:$P_i = eP_{fi}$,其中 P_i 为该商品的本国价格,e 为直接标价法下的汇率,P_{fi} 为该商品的外国价格。

一价定律通常含蓄地假定国内外商品是完全可替代的,而且市场是完全开放和自由竞争的。在此情况下,商品套利就会形成"一价定律"。

购买力平价理论模型有两种不同的表现形式,即绝对购买力平价理论(Absolute Purchasing Power Parity)和相对购买力平价理论(Relative Purchasing Power Pariy)。

二、绝对购买力平价

绝对购买力平价是指两国货币的汇率等于两个国家价格水平的比率,其基础是一价定律,即

$$e = \frac{P}{P_f} \tag{4.1}$$

其中,P 表示本国在给定时期的一般物价水平,P_f 表示外国在同时期的一般物价水平,e 为汇率。该公式实际上也是根据前述一价定律公式在一定条件下推导出来的。

假定在两个国家存在同样的 N 种商品,如果两国消费者在消费第 i 种商品上的开支占总开支的比例分别为 a_i 和 a_{fi},则 a_i 和 a_{fi} 分别表示商品 i 在两国总商品中的权重,$\sum_{i=1}^{N} a_i = \sum_{i=1}^{N} a_{fi} = 1$。两国物价水平就分别由如下两式表示:

$$P = \prod_{i=1}^{N} (P_i)^{a_i}, \quad P_f = \prod_{i=1}^{N} (P_{fi})^{a_{fi}} \tag{4.2}$$

如果进一步假定两国消费模式类似(假定 $a_i = a_{fi}$),那么将式(4.2)的两国物价代入比值 P/P_f,再根据一价定律计算整理就可得到式(4.1)。

三、相对购买力平价

人们对"物价水平"颇有争议,在不同时期,比如在经济平稳时期和经济剧烈波动时期、在通货紧缩时期和通货膨胀时期,"物价水平"往往会有非常不同的状态。这样,在两国处于很不同状态的情况下,进行两国物价比较会产生许多问题。相对购买力平价则重点关注价格变动趋势,这是它与绝对购买力平价关注价格水平的不同之处。

相对购买力平价的含义是汇率的变动由两国的相对通货膨胀率状况决定:

$$e_t = e_0 \frac{P_t/P_0}{P_{ft}/P_{f0}}$$

可见,P_t/P_0 是 0 期到 t 期的本国价格指数,P_{ft}/P_{f0} 是 0 期到 t 期的外国价格指数,它们分别表示的是两国的通货膨胀率状况。这两个价格指数之比再乘以基期的汇率 e_0,就是 t 期的汇率了。

因为国内通货膨胀率 π_t 和国外通货膨胀率 π_{ft} 可分别表示为

$$\pi_t = \frac{P_{t+1} - P_t}{P_t} = \frac{\mathrm{d}P_t}{P_t \mathrm{d}t}, \quad \pi_{ft} = \frac{P_{ft+1} - P_{ft}}{P_{ft}} = \frac{\mathrm{d}P_{ft}}{P_{ft} \mathrm{d}t}$$

因此有

$$\frac{e_{t+1} - e_t}{e_t} = \frac{\pi_t - \pi_{ft}}{1 + \pi_{ft}}$$

如果外国通货膨胀率很低,则上式可近似地写成

$$\frac{e_{t+1} - e_t}{e_t} = \pi_t - \pi_{ft} \tag{4.3}$$

即汇率的变动率等于两国的通货膨胀率之差。

这个结论也可以更简单地推导出来。将式（4.1）两边同时取对数得

$$\ln e = \ln P - \ln P_f$$

对上式两边求导得

$$de/e = dP/P - dP_f/P_f = \pi - \pi_f \tag{4.4}$$

与绝对购买力平价理论相比，相对购买力平价理论更便于实际运用，因为它避开了较难处理和容易出现争议的两国"价格总水平"，而只表现了汇率与通货膨胀率的关系。

第二节　汇率决定的货币模型

在这一部分，首先有两个需要特别强调和解释的前提，第一个前提就是"货币模型"。"货币模型"其实还不如说成是"货币主义模型"更清楚些，因为该模型实际上是建立在货币主义的理论基础之上的。我们已经知道，无论是古典的货币主义，还是弗里德曼的现代货币主义，其核心内容都是货币状况决定价格状况。货币和价格都是名义变量，货币状况的变化并不会影响实际产出，即实际产出是固定不变的，是一条垂直线。

第二个前提就是前文讨论过的"一价定律"。在一价定律成立的情况下，商品和要素市场是开放自由的，交易成本可以忽略不计，商品价格的变动也被视为敏感而灵活的。这一点明显区别于我们后面要讨论的"粘性价格模型"。鉴于此，人们也把这部分内容称为"弹性价格下的货币模型"。

货币模型涉及许多变量，所以首先对有关经济变量给予明确定义：

M^s：本国的名义货币供给；

M_f^s：外国的名义货币供给；

M^d：本国的实际货币需求；

M_f^d：外国的实际货币需求；

Y：本国的实际收入；

Y_f：外国的实际收入；

P：本国的物价水平；

P_f：外国的物价水平；

e：直接标价法下的汇率；

i：本国货币的利率；

i_f：外国货币的利率。

根据货币主义的价格决定理论，$P = M^s/M^d$，$P_f = M_f^s/M_f^d$，于是有

$$P/P_f = \frac{M^s/M^d}{M_f^s/M_f^d} \tag{4.5}$$

我们已经知道，货币需求与收入呈同方向变化，与利率呈反方向变化。为了方便分析，这里可将货币需求写成满足上述要求的具体表达式：

$$M^d = kY^\alpha/i^\beta, \quad M_f^d = k_f Y_f^\alpha/i_f^\beta$$

这里的 α 和 β 实际上是货币需求分别对收入和利率的弹性①，而且在两国的货币需求函数中，还有两个常数 k 和 k_f，但这两个常数取任何值都不影响后面的分析，故假定 $k = k_f = 1$。

根据一价定律 $e = P/P_f$，这里的 e 为直接标价法下的汇率，将具体表达式 $P = M^s/M^d$，$P_f = M_f^s/M_f^d$ 代入，可得

$$e = \frac{M^s/M^d}{M_f^s/M_f^d}$$

再将 $M^d = Y^\alpha/i^\beta$，$M_f^d = Y_f^\alpha/i_f^\beta$ 代入上式，可得

$$e = \frac{M^s}{M_f^s} \cdot \left(\frac{Y_f}{Y}\right)^\alpha \cdot \left(\frac{i}{i_f}\right)^\beta \tag{4.6}$$

这就是弹性价格下汇率决定的货币模型。

由该式可知，汇率 e 受到两国的货币供给、实际收入和利率的共同影响，并且可以得到以下三个结论：

（1）当本国货币供给相对（外国货币供给）上升时，本币贬值；反之，则本币升值。这很容易理解。

（2）当本国国民收入相对下降时，本币贬值；反之，则本币升值。这与我们前面学过的"常识"相悖：当国民收入减少时，进口减少形成顺差，本币升值；当国民收入增加时，进口增加形成逆差，本币贬值。

（3）当本国利率相对上升时，本币贬值；反之，则本币升值。这又与前面我们已经十分熟知的一个观点矛盾：一国货币的利率上升，该国货币升值；而一国货币的利率下降，该国货币贬值。

这些结论是很有趣的，除了货币供应量变化的结果外，收入和利率变化的结果都与凯恩斯经济理论中的结论相反，不妨把这两个矛盾分别称为"收入悖论"和"利率悖论"。为什么会出现这样的矛盾呢？

对"收入悖论"的说明：对国民收入的分析有短期视角与长期视角之分。在短期理论中，收入增加会带来进口增加：$dM = mdY$；在长期理论中，顺差是国民收入增长的

---

① 为了方便分析，不妨假定国内外的 α 值和 β 值分别相同。

源泉之一：$Y=C+I+(X-M)$。而购买力平价框架下的理论是长期理论，购买力平价也是在长期中成立的。如果收入增长会导致逆差，那么在长期中收入就难以增长。

对"利率悖论"的说明：货币模型以购买力平价为基础，其分析不涉及资本市场和货币市场，关注的是两国间的贸易与汇率的关系。因此，利率提高（降低）引起的资金流入（流出）不对这里讨论的汇率产生影响。

第三节 汇率决定的利率平价模型

一、一价定律的局限性

购买力平价理论的基础是一价定律，但要使同一种商品在任何国家的价格按照汇率换算后都相同，实际上需要许多严格的条件：

（1）完全信息，即各国每种商品的价格信息都能够被经济主体得知。
（2）国家之间没有贸易壁垒，顺畅的商品套利是一价定律成立的保证。
（3）同种商品是同质的。
（4）商品市场是弹性价格而非粘性价格。
（5）忽略不同国家、不同时期价格水平的特殊性。
（6）完全不考虑资本项目对汇率的影响。

但是，实际上，运输成本、交易成本、税收等市场不完全因素的存在，会使必要的套利条件难以具备。在存在运输成本和交易成本时，不同国家同一种商品或金融资产的价格折算成同一种货币后，就会有相当于上述成本的价差。而且只有同种同质的商品，通过套利才可以实现同一价格。因此，（1）和（2）两个条件并不一定存在，这就导致一价定律难以成立。

另外，如果同一种工业品是同质的，通过套利就可以实现同一价格；但如果质量是有区别的，即是不完全替代的，生产厂家就可以分割市场，实行不同的价格；特别在短期内，价格调整不再是套利问题，而是替代问题，一价定律也是难以成立的。许多人认为一价定律只是对贸易品能够成立；对于非贸易品而言，由于没有套利，一价定律难以成立[1]。还可以看到，商品价格调整的速度也会影响一价定律的成立。正如鲁迪格·多恩布什（Rudiger Dornbusch）指出的那样，由于存在价格粘性，商品市场价格的调整过程不是瞬时的，而是要取决于供求变化的程度、相应的传导机制、关于实际价格变动的

---

[1] 也有观点认为，两国非贸易品的价差会引起生产要素的跨国流动和分工的重新调整，最终会导致非贸易品价差的消失。但很显然，即使上述过程成立，生产要素的重新配置和分工的重新调整也是一个较长期的过程，在调整完成之前，非贸易品的一价定律是难以成立的。

预期等。因此，一价定律就可能在一段时间里都难以成立。结果，(3) 和 (4) 两个条件的成立同样也很成问题。(5) 和 (6) 两个条件存在的问题也是显而易见的。

还有一些学者用实证的方法对一价定律进行了验证，其结果仍然表明了一价定律存在争议性。一价定律的一个关键性假设是贸易品是同质的。但是，除了农产品、自然资源、大宗原材料等商品外，进入国际贸易的商品一般都是不完全替代的。因此，彼得·伊萨得（Peter Isard）在对美国、德国和日本 1970 年到 1975 年的制成品价格进行检验时，仅发现一价定律对初级产品成立；就一般制成品而言，一价定律不成立。欧文·B. 克拉维斯（Irving B. Kravis）和罗伯特·利普西（Robert Lipsey）1978 年进一步证实了这一结果。帕特里夏·弗雷瑟尔（Patricia Fraser）等采用了协整计量技术对美国、日本等小麦市场进行了长期检验，其结果表明，对于上述市场的小麦而言，一价定律甚至在长期中都没能够成立。

正是因为对一价定律有许多争议，以一价定律为基础的购买力平价理论及其衍生出的货币模型在说明汇率的决定时，也就同样存在争议。另外，购买力平价理论是从贸易的角度来说明汇率决定的，而且最多只能说明长期的汇率决定。而实际上，决定汇率的因素还有资本流动，这种影响正随着国际资本流动的增加而日益扩大。同时，汇率的短期波动也需要有相应的理论进行说明和解释。为了解决上述问题，一些经济学者不用一价定律作为基础的理论，分别从不同的角度、在不同的前提条件下对汇率的决定进行了广泛的研究。

二、利率平价理论

虽然购买力平价理论较早就一度成为解释汇率的主流理论，但实际上早在金本位制时期，人们就已意识到利率的调整能够在一定程度上影响汇率。而现在人们更是提出了汇率的资产市场理论，认为开放经济中的汇率是由商品市场、货币市场和资产市场共同决定的，利率在汇率决定中具有重要影响。但第一次对利率和汇率之间的关系进行系统的阐述，则是凯恩斯在《货币改革论》中完成的，系统的利率平价理论就是在此基础上形成的。

购买力平价理论的一个重要缺陷是它只考虑了商品（最多勉强加上服务），而没有考虑资本流动。利率平价理论正是对此进行了修正和补充。利率平价理论认为，汇率的变动由利率差异决定，即两国货币的即期汇率和远期汇率之间的差异（升水或贴水）近似等于该国利率和所指的外国利率的差异。利率平价包括抵补利率平价、非抵补利率平价和实际利率平价三种形式[①]。

---

① 还有一种"现代利率平价理论"，其主要内容是：套利保值者的行为由两国利率和远期汇率决定，投机者却不同，其行为是由两国利率和自己对未来市场汇率的预期与远期汇率的差异决定。汇率是在套利保值者和投机者的共同作用下形成的。

所谓抵补和非抵补，是指两种不同的投资方式或投资过程。抵补是指投资者在现货市场买进（卖出）外汇进行套利时，为防止未来的汇率风险，同时要在远期市场上进行相反的操作，即在远期市场卖出（买进）外汇的这样一种投资方式。而非抵补则是投资者在现货市场买进（卖出）外汇进行套利时，已经对未来的汇率走势进行了预计，认为外汇将会升值（贬值），从而就不会在现在卖出（买进）远期外汇的投资方式。

（一）抵补利率平价

抵补利率平价（Covered Interest Parity）建立在即期和远期两个市场反向操作的过程之上，这就要求金融市场比较发达，金融工具完备，交易成本和资本管制很少，本国证券和外国证券可以相互替代。

假定投资者在 t 期把一单位的本币换成外币进行投资，为了避免在 $t+1$ 期由于汇率变动引起外币贬值、本币收入减少，就要同时在远期外汇市场上进行反向操作。如果记本币利率为 i，外币利率为 i_f，t 期外汇市场直接标价法下的汇率为 e_t，远期汇率（远期期限是 $t+1$）为 fe_t，那么一单位本币可换成 $1/e_t$ 单位外币，经过 t 期到 $t+1$ 期投资后可获得本息为 $(1+i_f)/e_t$ 的外币收入。为了避免由于汇率变化带来外币贬值的风险，同时在远期外汇市场上卖出数量为 $(1+i_f)/e_t$ 的外汇，即到期时按照远期汇率把投资获得的外币换成本币，所得的本币数量为 $fe_t(1+i_f)/e_t$。而如果直接将一单位的本币投资在本国货币市场上，在相应时期可获得的本息为 $(1+i)$，若投资本外币资产的收益不相等，如投资在国外的收益率大于投资在国内，投资者将购买即期外汇，卖出远期外汇，这将导致即期汇率上升和远期汇率下降，从而缩小两种投资的利差，最终使两种投资的收入相等，这时套利活动停止。即均衡时有

$$1 + i = fe_t(1+i_f)/e_t$$
$$e_t(1+i) = fe_t(1+i_f)$$

经整理可得

$$\frac{fe_t - e_t}{e_t} = \frac{i - i_f}{1 + i_f} \tag{4.7}$$

在利率 i_f 较低的情况下，$1 + i_f \approx 1$，于是得到

$$(fe_t - e_t)/e_t = i - i_f \tag{4.8}$$

这就是抵补利率平价的结论：汇率变动率等于两国利率之差。

（二）非抵补利率平价

非抵补利率平价（Uncovered Interest Parity）是指投资者在进行没有抵补的外汇投资时所获得的收益等于没有汇率风险所获得的收益，即等于预期获得的收益。也就是说，投资者具有理性预期和风险中性的特征，对未来汇率的预期是正确的。与抵补利率平价一样，这里同样假定没有交易成本和资本管制，套利资金是充分的，证券是完全替代的。

如果以 i 和 i_f 分别表示在 t 期到 $t+1$ 期本币和外币的利率，e_t 表示外汇市场上的即

期汇率（直接标价法，下同），ee_t 表示投资者在 t 期预期的 $t+1$ 期的即期汇率，那么根据与抵补利率平价相似的推导过程，在均衡时有

$$1 + i = ee_t(1 + i_f)/e_t$$

$$ee_t(1 + i_f) = e_t(1 + i)$$

即用同样的本币无论是投资在国内还是投资在国外的金融资产上，未来所获得的收益相等。由上式进一步可得

$$(ee_t - e_t)/e_t = (i - i_f)/(1 + i_f)$$

在利率 i_f 很小的情况下，$1 + i_f \approx 1$，于是得到

$$(ee_t - e_t)/e_t = i - i_f \tag{4.9}$$

而实际上，$(ee_t - e_t)/e_t$ 正好是汇率的预期贬值率，记为 e^*，于是

$$i_f + e^* = i \text{ 或 } i_f + e^* - i = 0$$

这表明本币利率等于外币利率与本币的预期贬值率之和。

如果投资者不是风险中性的而是风险厌恶的，即对投资外汇要求一定的风险补贴，那么均衡条件变为

$$i_f + e^* - i = P_r \tag{4.10}$$

其中，P_r 表示风险溢价（Risk Premium）。

（三）实际利率平价

实际利率平价（Real Interest Parity）是指在资本自由流动的情况下，如果购买力平价成立，那么汇率变动的内在均衡力量是不同国家之间实际利率相等。

实际上，所谓的实际利率平价，只是前述的（名义）利率平价的另一种表现形式。但是，它突出地表现了要素市场套利的实质是导致各国实际利率的均等。

在资本自由流动时，由利率平价成立可得到以下公式：

$$(e_t - e_0)/e_0 = i - i_f \tag{4.11}$$

等式左边是这个时期（$0—t$ 期）里的汇率变化率，等式右边的 i 是本国的名义利率，i_f 是外国的名义利率。根据购买力平价，汇率 $e = P/P_f$，于是又有

$$\ln e = \ln P - \ln P_f$$

$$de/e = dP/P - dP_f/P_f$$

而 dP/P 和 dP_f/P_f 分别是本国和外国的通货膨胀率，可以分别用 π 和 π_f 表示；等式左边的 de/e 则是汇率变动率，也就是前面的 $(e_t - e_0)/e_0$。于是就有

$$(e_t - e_0)/e_0 = i - i_f = \pi - \pi_f$$

$$i - \pi = i_f - \pi_f \tag{4.12}$$

上述等式左边正好是本国的实际利率，右边正好是外国的实际利率。

可见，实际利率平价成立要求购买力平价和（名义）利率平价成立。

抵补和非抵补利率平价的核心假设是：用两种货币进行投资时，其收益将趋向于相同，即这两种货币可以相互替代。

上述三个不同的利率平价反映了不同的市场条件要求。三者都要求资本自由流动；非抵补利率平价还要求风险中性，即风险溢价为零；实际利率平价则要求购买力平价成立。

利率平价模型比较清晰地展示了利率在汇率决定中的作用，其中，抵补利率平价描述了套利者和保值者的行为，非抵补利率平价描述了投机者的行为。前者是风险回避者，后者至少是风险中性者。当投机者不是风险中性者时，国内外资产就不是完全替代的，非抵补利率平价就不成立，这时要加上相应于其风险偏好的风险溢价进行调整。两种模型都要求市场是开放的，资本流动是自由的。实际利率平价则揭示了实际利率差别在推动资本流动中的核心作用。

利率平价理论还可以衍生出"隔绝机制"（Isolation Mechanism）。所谓"隔绝机制"，是指利率平价机制的存在，可以在一定程度上隔绝外国货币政策对本国利率和货币供给的影响。例如，当外国利率上升时，原有的利率平价不再成立，套利者在即期市场上卖出本国货币、买进外国货币进行投资套利，在远期市场上卖出外国货币、买进本国货币进行保值，结果是本国货币在即期市场贬值，在远期市场升值，利率平价恢复，而本国利率可以保持不变。这表明外国利率上升对本国的冲击可以通过远期汇率的变化而被吸收，本国利率也就可以不必随着外国利率的变动而变动。显然，隔绝机制如果效果显著，就可以保证本国货币政策的独立性。

三、利率平价与现实汇率的偏离

利率平价理论在利率和汇率之间建立了清晰的联系，也就使人们能够用实际资料对其进行检验。检验通常是用实际的市场资料，对利率平价公式进行回归分析和一定置信度下的参数检验。许多分析结果表明，市场上的汇率与利率平价所确定的汇率之间存在着偏离。对于这种偏离，经济学者从不同的角度进行了解释。例如，在20世纪80年代以后，理查德·M. 列维奇（Richard M. Levich）、雅各布·A. 弗伦克尔、罗伯特·Z. 阿利伯（Robert Z. Aliber）、迈克尔·P. 杜利（Michael P. Dooley）、彼得·伊萨得等分别考虑了交易成本、政治风险等因素对利率平价的影响。

1. 交易成本的影响

在套利资本运动的过程中有四个环节：卖国内资产、买国外资产、卖国外资产、买国内资产，套利者相应要面临四项交易成本。标准的利率平价理论没有考虑交易成本。交易成本的存在意味着在以利率平价为中心、以交易成本为半径的区间内，不存在套利机会。这是市场汇率偏离利率平价的一个原因。

2. 资本管制的影响

现实中的市场常存在不同程度的资本管制。资本管制使套利资本不能顺畅地流动，套利机制不能充分发挥作用，建立在套利机制上的利率平价自然也就难以得到验证了。

3. 政治风险的影响

当存在政治风险时，如果没有相应于政治风险的风险溢价，投资者就不会进行这项投资。而风险溢价的存在会打破利率平价，导致市场汇率偏离利率平价。

第四节 蒙代尔-弗莱明模型

一、前提和基本内容

从前文的论述中可以明显看出，购买力平价理论适用于商品市场，利率平价理论则适用于金融市场，但实际上汇率肯定会同时受到商品市场和金融市场的影响。蒙代尔-弗莱明模型正是兼顾这两个市场影响的汇率理论。

蒙代尔-弗莱明模型可以概括为以下几个基本方面：

（1）蒙代尔-弗莱明模型研究的对象是包括商品市场和金融市场的开放经济。

（2）蒙代尔-弗莱明模型的主要内容包括系统地分析了在不同的汇率制度下，资本流动、财政政策、货币政策对汇率、利率、产出等宏观经济变量的影响；研究了开放经济条件下内外均衡的实现问题。

（3）蒙代尔-弗莱明模型以凯恩斯的收入-支出模型和米德的政策搭配思想作为其理论基础，并且将 IS-LM 理论与国际收支均衡分析相结合。也就是说，蒙代尔-弗莱明模型使用的是宏观经济的一般均衡分析方法，模型中包括了商品市场、货币市场和外汇市场。

应该注意到，蒙代尔-弗莱明模型里的外汇市场均衡不仅仅是经常账户的均衡，而且是包括了资本账户的国际收支均衡。蒙代尔-弗莱明模型不仅重视商品流动的作用，而且特别重视资本流动对政策搭配的影响，从而把开放经济的分析从实物领域扩展到金融领域。该模型试图告诉人们，宏观经济政策在什么情况下有效，在什么情况下无效，各种经济政策的实施会对汇率、利率、产出等变量产生怎样的影响，一国怎样通过宏观经济政策（财政政策和货币政策）的搭配实现经济的内外均衡。

（4）蒙代尔-弗莱明模型还有一定的前提假设：

第一，需要特别强调的是，蒙代尔-弗莱明模型是以典型的凯恩斯条件为前提的，即总供给曲线是水平的，需求的任何变化都不会影响价格，价格是刚性的。模型的刚性价格条件还可以推出其他的衍生前提，如因为没有通货膨胀，所以名义利率和名义汇率就是实际利率和实际汇率；汇率预期是静态的。这里价格不变的前提，是蒙代尔-弗莱明模型只是短期理论的标志之一。

第二，蒙代尔-弗莱明模型假定市场是不完全的，这种不完全主要体现为商品和要素的流动是不充分的。在商品市场，由于非贸易品的存在及商品在国际间的流动不充分，一价定律和购买力平价不再有效；在要素市场，由于套利资金是有限的，并且资本流动存在风险，因此两国的利率不会因套利而相等，换言之，如果用 i 和 i_f 分别表示本国与外国利率，则 $i - i_f$ 不恒等于零。

上述分析表明，对于蒙代尔-弗莱明模型而言，购买力平价和利率平价成立或不成立都不要紧，只要商品套利和金融套利机制存在即可。

蒙代尔-弗莱明模型是一个综合、全面、复杂的大模型，需要很多篇幅才能进行完整解释。本书作为本科教材的考虑是，在浮动汇率制下，国际收支是自动均衡的，所以就不在本章正文部分介绍浮动汇率制下的蒙代尔-弗莱明模型了，只考虑对固定汇率制下当政府动用财政政策和货币政策时的蒙代尔-弗莱明模型做简明分析。本书认为这样也足以了解该模型的思想方法和分析逻辑了。至于浮动汇率制下的分析，则放到本章"知识拓展"中，有兴趣的学生可自行阅读。

二、固定汇率制下的货币扩张效应

在固定汇率制下，政府需要通过对外汇储备的调整来维持固定汇率，货币供应由国内信贷和外汇储备两部分构成。

IS-LM 理论已经表明内部均衡可以达到，丁伯根原则和蒙代尔法则又表明内外均衡可以同时达到，那就意味着在图 4-1 的 IS-LM 模型中一定有一条外部均衡线通过 A 点。那它会以怎样的形式通过 A 点呢？

假定从 A 点开始，国内开支扩大（横坐标由 A 点向右移动），这时进口增加导致逆差，外部均衡被打破，要重新回到外部均衡，就需要利率上升（纵坐标由 A 点向上移动）来吸引外部资金流入，以抵销掉由进口产生的逆差。这样，外部均衡线 BL 就是经过 A 点的、向右上方倾斜的线①，如图 4-1 所示。

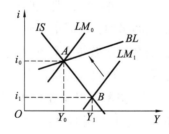

图 4-1 固定汇率制下的货币扩张效应

假定在初始时均衡，这个均衡状态由 A 点表示，即在固定汇率制下，产出为 Y_0，利率为 i_0，此时的 LM 线为 LM_0 线。

这里所说的货币扩张，是指自主性的货币扩张，即国内信贷的增加。

---

① 由于 LM_0 的基础是国内资金，而 BL 的基础是更大规模的国际资金，后者对利率变化的反应强度和变动规模更大，所以 BL 的斜率小于 LM_0。

根据 IS-LM 理论，当国内信贷扩张时，将使 LM_0 线向右下方移动到 LM_1 线，此时商品市场和货币市场的新均衡点为 B 点。

这时，利率 i_1 低于初始时的均衡利率 i_0，这会导致资金流出，资本账户恶化；与此同时，收入增加到 Y_1 又会增加进口，使经常账户恶化，故 B 点只是（国内）商品市场和货币市场的均衡点而非国际收支均衡点。国际收支赤字所导致的外汇需求在固定汇率制下只能由政府抛出外汇储备来满足，这个过程同时又是政府收回本币的过程。于是，随着抛出外汇、回笼本币，货币供应减少，LM 线又向左上方移动。只有当市场上对外汇的超额需求消失（国际收支平衡）时，政府才不必再抛售外汇，LM 线的移动才会停止，这意味着 LM 线将回到 BL 线与 IS 线的交点 A。此时，利率、收入和国际收支都恢复到初始均衡状态。

由于货币供应量 M 最终保持不变，而 $M = m(R + D)$，m 为货币乘数，R 为外汇储备，也就是国内基础货币中来自国外的货币基数；D 是国内中央银行的直接贷款，代表的是国内基础货币中来自国内的货币基数。换句话说，R 为中央银行购入的"国际收支差额"，D 为中央银行的信贷。于是有

$$dM = mdR + mdD$$

而 M 最终保持不变： $$dM = 0$$

所以 $$dD = -dR \tag{4.13}$$

这表明在固定汇率制下，国内信贷的扩张只能以外汇储备的同样减少而告终。

上述情况告诉我们以下结论：在固定汇率制下，货币政策操作对实际经济活动是无效的，其最终结果只能影响货币的构成而不能影响其数量。当货币扩张时，国内信贷扩张量一定等于外汇储备减少量；而当货币紧缩时，国内信贷紧缩量一定等于外汇储备增加量。

三、固定汇率制下的财政扩张效应

此时，汇率固定不变，政府通过调节外汇储备来维持固定汇率，而货币供应将随着外汇储备的变化而变化。

还是假定初始时处于均衡状态，由 A 点表示。此时产出、利率分别为 Y_0、i_0，汇率当然保持固定。

当政府扩大支出时，首先会造成收入增加和利率上升，IS_0 线会向右上方移动，新的 IS_1 线与 LM_0 线相交于 C 点，这时收入增加为 Y_1，而利率上升为 i_1，但 C 点位于 BL 线的上方，这时只能达到内部的商品市场和货币市场均衡。由于利率上升，资金流入，国际收支处于盈余状态，因此 C 点不可能是长期均衡点。很容易看到，此时经常账户因收入增加（从而进口增加）而出现赤字，那么此时国际收支总体的盈余状态意味着利率升高引起的资金流入超过了经常账户的赤字（标志就是此时 C 点在 BL 线上方），这种总体盈余对外汇形成贬值压力，政府为维持固定汇率必将收购"多余"的外汇，这就

必然表现为外汇储备增加,而外汇储备增加的另一面就是国内货币供应增加,于是 LM_0 线向右移动(最终会移动到 LM_1 线),与新的 IS_1 线相交于 BL 线上的 B 点,这时商品市场、货币市场和国际收支同时达到均衡。由于货币供应增加具有压低利率和增加收入的效应,我们看到此时利率 i_2 比 i_1 更低一些,而收入 Y_2 则比 Y_1 更高一些。

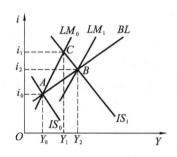

图 4-2 固定汇率制下的财政扩张效应

可以这样总结此时蒙代尔-弗莱明模型的分析结论:
(1) 固定汇率制下财政政策是有效的,财政扩张可以引起收入增加。
(2) 财政扩张会导致利率上升。
(3) 国际收支总体均衡,但资本账户顺差而经常账户逆差。
(4) 货币供应因外汇储备的增加而增加。
(5) 汇率维持固定不变。

由上面第(3)条可知,在总体均衡的情况下,资本账户和经常账户都是不均衡的,这是蒙代尔-弗莱明模型是短期理论的第二个标志。因为长期均衡不仅要求总体均衡,还要求资本账户和经常账户分别均衡。

第五节　粘性价格与汇率超调模型

一、商品价格粘性与要素价格超调

由于均衡汇率的决定涉及多个市场,如商品市场、货币市场、外汇市场(反映国际收支),当更现实地对这些市场进行考察时,人们会发现在一定的时间或时期内,这些不同的市场对变量变动冲击(如货币扩张)的反应速度是不相同的,商品市场的价格变动确实要经过一段时间才能完成,但要素市场(这里指资金市场和外汇市场)的价格变动则几乎是瞬间完成的。也就是说,商品市场具有"价格粘性",而要素市场则没有。正是基于不同市场的上述特点,美国经济学家鲁迪格·多恩布什于 1976 年提出了著名的"汇率超调模型"(Exchange Rate Overshooting Model),该模型更现实地在商品市场具有价格粘性且要素市场价格变动瞬时到位的基础上,对汇率变化进行了别具一格的讨论。

该模型的基本内容是：商品市场和劳动市场的价格具有粘性，在短期内难以对挠动或冲击做出反应，但随着时间的推移，价格会逐渐发生变化，直到达到新的均衡状态；要素市场与商品市场不同，不仅其价格会对挠动或冲击立即做出反应，而且其价格调整会超过新的均衡状态时的水平，然后随着时间的推移再向新的均衡状态回归。这个模型也因此被称为"汇率超调模型"。

由于这个模型中的汇率调节包括了商品市场价格从不变到改变的过程，因此有时也被看成是介于短期模型（如蒙代尔-弗莱明模型：价格不变）和长期模型（如货币模型：价格可变）之间的"中期"模型。

二、汇率超调过程

下面我们对多恩布什的这个汇率超调模型进行进一步的讨论，看看汇率为什么会超调及怎样超调。首先可以将该模型的前提归纳如下：

第一，若以 P 表示价格，则短期内价格粘性使 $dP = 0$。这当然意味着购买力平价或一价定律不成立。

第二，由于货币市场和外汇市场的调整是及时、通畅的，利率变化通过套利机制引起汇率的变化，利率平价成立：$i - i_f = (e_t - e_0)/e_0$。

在这样的前提下，当本国货币出现一次性扩张时，汇率超调过程的方方面面就直观地显现在图 4-3 中。

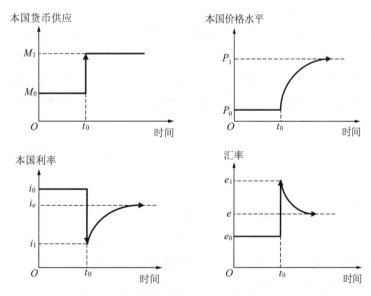

图 4-3 本国货币供应增加时汇率超调过程

由图 4-3 可知，初始时货币供应为 M_0，利率为 i_0，价格为 P_0，汇率为 e_0。

从 t_0 开始，本国货币扩张，一次性地从 M_0 增加到 M_1，此时价格因为具有粘性而保持不变，但利率即时产生反应，从 i_0 下降为 i_1，与此同时，汇率从 e_0 上升为 e_1。

然后，商品市场逐步产生反应，价格开始上升，价格上升又引起名义货币需求扩大，利率从超调水平 i_1 开始回升，随着价格的变动而趋近于新的均衡水平。在利率平价下，$i - i_f = (e_t - e_0)/e_0$，且本国货币市场、外汇市场都是弹性价格市场，汇率的变动当然严格追随利率的变动（注意此时 i_f 被视为外生变量），也就是汇率同时从超调水平 e_1 开始下降……这个过程一直持续到商品市场、货币市场、外汇市场都均衡为止。此时，价格水平为 P_1，利率为 i_e，汇率为 e。

多恩布什的汇率超调模型具有鲜明的政策含义。当政府采取扩张性或紧缩性货币政策来调节宏观经济时，就需要警惕汇率是否会超调及超调多少这样的问题，以避免经济的不必要波动。

关于财政扩张的"挤出效应"

蒙代尔-弗莱明模型中的财政扩张均指规范的财政扩张，即政府通过向市场发行债券获得额外收入，然后扩大财政支出。在蒙代尔-弗莱明模型中，政府财政支出的增加，是通过总需求的增加与收入的增加影响到经常账户、利率和汇率的。但由于人们对财政支出对总需求的影响存在争论，因此这里对这个问题做一点讨论。

"挤出效应"是人们关于财政扩张对总需求的影响争论的焦点。政府支出的增加或者通过增税获得资金，或者通过发行债券获得资金。但无论如何，这都只是一个资金的重新分配过程，是一部分公众的资金向政府转移的过程，社会资金总量并无增加。政府支出的增加，对应着公众支出的减少，这就是"挤出效应"。按照这种观点，财政扩张就不会使总需求增加，也就不会使国民收入增加，从而财政政策的扩张效应也就无从谈起。

"挤出效应"有两条实现途径，这里根据它们的不同特点，分别称其为"转移-支出途径"和"利率-支出途径"。

1. 转移-支出途径

如果政府通过增税或者增发债券来增加支出，那么政府收入（支出）的增加将伴随着公众支出的减少，公众的一部分收入转移给政府。但是，这条途径对总需求的影响是清楚的，那就是，不论是通过税收还是通过债务融资，资金从公众向政府转移一定会扩大总需求。下面我们将有关经济变量用以下代数式表示：

用 T 表示税收，G 表示政府支出，那么有 $T = G$。

用 $Y - T$ 表示公众可支配收入，记 $Y_d = Y - T$。

用 $C = C_a + cY_d$ 对消费进行分解，其中 C_a 为自主性消费，c 为边际消费倾向，Y_d 就是可支配收入。

于是,总收入就是消费加投资再加政府支出,即

$$Y = C + I + G = C_a + c(Y - T) + I + G$$

整理得

$$Y = \frac{1}{1-c}(C_a - cT + I + G)$$

对上式分别求 G 和 T 的导数:

$$\frac{dY}{dG} = \frac{1}{1-c} > 0, \quad \frac{dY}{dT} = \frac{-c}{1-c} < 0$$

而财政扩张对总支出的影响就是上述两种影响的综合,即

$$\frac{dY}{dG} + \frac{dY}{dT} = \frac{1}{1-c} - \frac{c}{1-c} = 1 \tag{4.14}$$

这表明征税并用于支出的结果是对总需求形成正的影响。也就是说,增税不会有完全的"挤出效应"。这是因为公众具有储蓄倾向,而且边际储蓄倾向是递增的,这不仅意味着公众的收入只有一部分会支出,并构成当期总需求的一个组成部分,而且还意味着在增加的收入中,公众用于增加需求的比例会越来越小,凯恩斯认为这正是有效需求不足的一个原因。但在公众的收入转移到政府手中后,由于政府具有完全的支出倾向,这部分来自公众的资金全部用于形成总需求。也就是说,公众因部分收入向政府转移而减少的支出,要小于政府扩大的支出,社会总需求会因此上升。

2. 利率-支出途径

政府增发债券将提高利率,从而会抑制公众的消费和投资支出,当然会引起消费和投资支出的下降,但另一方面财政支出也直接增加了。这样,"利率-支出途径"对社会总支出的综合影响就比较复杂和隐晦了。其最终效果要取决于政府支出增加对社会总需求的正影响与利率上升对社会总需求的负影响的对比。这无疑是一个有难度的课题,在不同国家的不同经济环境下,需要大量的资料进行实证分析、验证,可能会得到差异很大的结果。但世界各国的实践表明,财政扩张普遍形成了社会总需求的扩张。因此,我们在这里所承认的就是:财政政策的扩张效应通常大于挤出效应。

浮动汇率制下的蒙代尔-弗莱明模型

一、浮动汇率制下的货币扩张效应

在分析中以货币扩张为例,通过类似的相反方向的分析可以得知货币收缩时的情况。在图4-4中,坐标系表示的是收入 Y 和利率 i 之间的关系,约翰·R. 希克斯(John R. Hicks)和阿尔文·汉森(Alvin Hansen)正是在对两者关系的研究中提出了 IS-LM 模型。

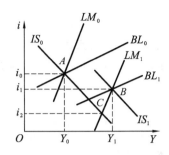

图 4-4 浮动汇率制下的货币扩张效应

我们从初始的"完全"均衡状态开始，也就是假定在初始均衡时，LM_0、IS_0、BL_0 三条线相交于 A 点，不仅国际收支总体均衡，而且经常账户和资本账户也都均衡。此时，收入为 Y_0，国内利率为 i_0。

现在，假定政府为刺激经济而进行货币扩张，将货币供应从初始时的 M_0 增加到 M_1。根据本模型的假定，货币供应增加时，价格不变（供给曲线水平），而产出增加，LM_0 线将向右下方移动为 LM_1 线，使利率下降，收入上升。这时应该注意，利率并不会下降到由 C 点确定的 i_2，因为 C 点虽然能使商品市场和货币市场均衡，但利率下降和收入增加使国际收支失衡（逆差），要使国际收支恢复均衡，本币必须贬值。

本币贬值将对 IS 线和 BL 线产生影响。

（1）本币贬值对 IS 线的影响。本币贬值造成出口增加、进口减少，使收入增加并使 IS 线向右移动，如 IS_0 线右移为 IS_1 线。

（2）本币贬值对 BL 线的影响。本币贬值造成出口增加，经常账户盈余，而根据 $B(Y, i) = -K(i)$，此时国际收支均衡要通过资本账户的赤字来达到，换言之，需要低利率来达到，即在同样的收入下利率必须比 i_0 更低，国际收支才能达到均衡，这意味着本币贬值将造成 BL 线向下方移动。要达到新的均衡，BL_0 线将下移为 BL_1 线，此时收入上升为 Y_1，利率下降为 i_1。

而根据上述讨论可知，此时的状态是经常账户盈余、资本账户赤字和本币贬值，新的国际收支均衡线为 BL_1 线。

综上所述，蒙代尔-弗莱明模型对浮动汇率制下的货币扩张有如下结论：

（1）货币政策有效，货币扩张可以推动收入提高到 Y_1。

（2）国际收支总体均衡。

（3）有经常账户盈余和资本账户赤字，而且这些盈余和赤字在数量上相等。

（4）利率下降，本币贬值（汇率上升）。

二、浮动汇率制下的财政扩张效应

我们还是假设初始时为理想的均衡状态。这种状态由图 4-5 中的 A 点表示，此时，收入为 Y_0，利率为 i_0，汇率为初始汇率 e_0，国际收支均衡，而且经常账户和资本账户也都均衡。

由于政府实施扩张性财政政策，此举会使 IS 线向右上方移动，支出和需求增加使总收入增加到 Y_1，政府增加借贷需求使利率上升为 i_1，如图 4-5 中的 C 点所示。

但是 C 点并不是均衡点，利率上升后，资金流入会增加，本币也会因此升值，这种升值会对 IS 线和 BL 线产生影响。

（1）本币升值对 IS 线的影响。本币升值会改变原来的经常账户均衡状况，导致出口减少、进口增加，出现经常账户逆差。这就意味着，收入会因此有所减少，IS 线会向左回移。

（2）本币升值对 BL 线的影响。本币升值导致的经常账户赤字，需要资本账户盈余（要求更高的利率）来弥补，从而使国际收支均衡线 BL 向左上方移动，并和回移的 IS 线共同交于 LM 线上的 B 点。此时，商品市场（IS）、货币市场（LM）、外汇市场（BL）都达到均衡，收入、利率分别为 Y_2、i_2。但应该注意到，此时利率 i_2 虽比 i_1 低，但还是高于初始均衡时的 i_0，故此时资本账户有盈余；而收入 Y_2 虽低于 Y_1，但高于初始均衡时的 Y_0，故进口会有增加，经常账户出现赤字。

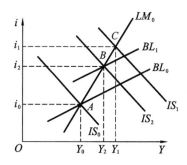

图 4-5　浮动汇率制下的财政扩张效应

综上所述，可得到如下结论：

（1）浮动汇率制下财政政策有效，财政扩张可以使收入增加。

（2）利率上升。

（3）有经常账户赤字和资本账户盈余，国际收支总体均衡。

（4）本币升值。

1. 什么是一价定律？什么是购买力平价？
2. 在汇率决定的货币模型中，本国的哪些因素会影响汇率？
3. 汇率决定的购买力平价模型有哪些理论缺陷？
4. 什么是抵补和非抵补利率平价？它们是怎样建立起来的？

5. 哪些原因造成了利率平价与现实汇率的偏离？
6. 蒙代尔-弗莱明模型的前提是什么？
7. 货币政策和财政政策在蒙代尔-弗莱明模型中的作用如何？
8. 汇率为什么会超调？

第五章 » 资产组合平衡模型

上一章分析了汇率决定的购买力平价模型、货币模型和利率模型，它们都是单个市场（贸易市场和金融市场）的局部均衡理论，而蒙代尔-弗莱明模型虽然是一般均衡理论，但它是一个短期静态均衡理论。本章将要分析的资产组合平衡模型是一个长期一般均衡理论，在理论上可以将其看成是前面理论的终结者，同时它涉及的内容较多、篇幅较大，故单列一章进行详细阐述。

资产组合平衡模型（Portfolio Balance Model）简称资产组合模型，其理论渊源可追溯到20世纪60年代罗纳德·I.麦金农（Ronald I. Mckinnon）和华勒斯·E.奥茨（Wallace E. Oates）的研究。但通常人们认为，美国经济学家威廉姆·H.布朗森（William H. Branson）于1975年和1977年所做的系统论述，是资产组合平衡模型的基础，后来汉努·哈尔图宁（Hannu Halttunen）和保罗·R.梅森（Paul R. Masson）的进一步修正，使该模型更加完善。此外，在20世纪70年代末和80年代初，对将此理论用来解释汇率决定做出贡献的还有彼得·伊萨得、鲁迪格·多恩布什、斯坦利·费希尔（Stanley Fischer）等人。

在资产组合理论中，汇率是由货币资产、债券资产和外汇资产决定的。当经济情况发生变化时，人们会对上述三种资产的持有状况进行调整，这种调整使汇率、利率发生变动。这一理论的特点是在考察资产总量的基础上，兼顾了本币资产市场的均衡和外汇资产市场的均衡，同时指出了经常账户变动对资产总量的影响在汇率长期均衡中的重要作用，从而将流量分析与存量分析结合起来，它属于一般均衡分析方法。

第一节 资产组合平衡模型的前提条件

众所周知，风险的存在，特别是跨国经济活动中更大的风险，导致各国资产具有不完全的替代性，从而使资产选择多样化。于是，资本流动就不完全由利率平价决定，而是在利率平价的基础上，根据风险的大小加以风险溢价调整。货币量是存量，货币量变动引起实际汇率变动，进而引起经常账户收支的变动。为了寻求经济达到长期均衡的综合机制，就需要将资本流量分析与货币存量分析相结合。资产组合平衡模型正是这样的综合理论。正因为如此，它在很大程度上弥补了前面讲述的各种理论的不足，尽可能地考虑了各种市场因素对汇率均衡的影响。

资产组合平衡模型有以下前提假定：

第一，外国利率是外生变量。这意味着本国经济变动对外国的影响可以忽略，这个模型是"小国模型"。

第二，资本流动是不完全的，各国资产因此也就具有不完全的替代性。这意味着套利机制虽然存在，但利率平价公式并不成立。

第三，短期内价格具有粘性，即短期内一价定律不成立，这也是多恩布什模型的条件。

资产组合平衡模型中的资产包括以下三类：

（1）本国货币资产 M，用本国的货币供应量表示。

（2）本国债券资产 B，用本国政府发行的本币债券总存量表示。

（3）外汇资产 F，用外国政府发行的被本国居民持有的外币计价债券表示。

在模型的分析中，为了减少债券价格变化的影响，通常认为本币和外币债券的到期日足够短，这种情况下债券价格的波动就很小了。

于是，本国的财产总量或财富总量 W 就由下式表示：

$$W = M + B + eF \tag{5.1}$$

其中，e 为直接标价法下的汇率。

总资产 W 的结构比例，取决于三类资产所能提供的收益率的大小。在通常情况下，收益率上升的资产，其被持有的比重也会上升；反之，则会下降。显然，本国货币资产 M 的收益率为零，本国债券资产 B 的收益率为本国利率 i，而外汇资产 F 的收益率等于外国利率 i_f 与外币升值率（也就是本币贬值率）之和。如果用 m、b、f 分别表示总资产 W 中本国货币、本国债券和外国债券的比重，则

$$m + b + f = 100\% \tag{5.2}$$

现在讨论一下 M、B、F 这三类资产的供给和需求的决定因素。在资产组合平衡模型中，货币供给是由政府控制的，而货币需求则受到资产总量、本国利率和外国利率的影响。当本国利率和外国利率上升时，持有货币的机会成本增大，对货币的需求降低；反之，则对货币的需求上升。当资产总量增加时，显然对货币的需求也会增加；反之，则对货币的需求下降。于是，货币需求与本国利率和外国利率成反方向变化，而与资产总量成同方向变化：

$$\partial M/\partial i < 0,\ \partial M/\partial i_f < 0,\ \partial M/\partial W > 0$$

由于模型中的债券指以国债为主体的政府债券，因此本国债券的供给也是由政府控制的。当本国利率提高时，人们会倾向于增持本国债券；而当外国利率提高时，人们则倾向于增持外国债券，减持本国资产。另外，当总财富（总资产）多时，对债券的需

求当然也较大。因此，对本国债券的需求是资产总量和本国利率的增函数，是外国利率的减函数：

$$\partial B/\partial i > 0, \partial B/\partial i_f < 0, \partial B/\partial W > 0$$

就模型而言，外国债券是通过经常账户盈余获得的，换句话说，外国债券是对外债权，只能由经常账户的外汇盈余来购买。如果假定短期内经常账户不发生变化，那么外国债券的供给量就是外生的固定值。与对本国债券的讨论相类似，很容易知道对外国债券的需求是外国利率和资产总量的增函数，是本国利率的减函数：

$$\partial F/\partial i < 0, \partial F/\partial i_f > 0, \partial F/\partial W > 0$$

在本国货币市场、本国债券市场和外国债券市场上，任何不均衡都会导致本国利率和汇率的调整（注意外国利率被看作外生变量），只有当上述三个市场都处于均衡时，资产市场整体才处于均衡状态。同时，由于短期内各种资产的供给量都被视作外生的既定值，资产市场的均衡会确定本国的利率与汇率水平。

在长期中，虽然本国货币和本国债券的供给量仍可看作由政府决定的外生值，但外国债券的供给量不再是外生变量，因为在长期中经常账户的变化会引起本国持有的外国债券总量的变动，这种变动会引起资产市场及利率和汇率的调整，直到经常账户也达到均衡为止。也就是说，当从长期考虑时，本国资产市场的均衡还要求经常账户均衡。

第二节 资产组合平衡模型的均衡过程分析

一、货币、本国债券、外国债券市场均衡线

下面我们要在以利率 i 为横轴、以直接标价法下的汇率 e 为纵轴的坐标系中，确定货币市场均衡线、本国债券市场均衡线及外国债券市场均衡线的形状。

1. 货币市场均衡线 MM

MM 线表示的是当货币市场供求均衡时所要求的利率与汇率的组合。汇率对货币需求主要是通过财富效应途径发生影响的。由于对货币的需求随着资产总量的增加而提高，所以对于一定的外国债券而言，当 e 值上升时，以本币衡量的外国债券价值上升，资产总量也相应增加，结果导致货币需求增加。这意味着在货币供给既定（视为外生变量）的情况下，要维持货币市场均衡，就需要更高的利率来降低货币需求。因此，低的 e 值与低的 i 值相对应，高的 e 值与高的 i 值相对应，MM 线表现为左低右高的形状，其斜率为正，如图 5-1 所示。

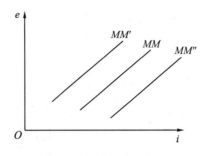

图 5-1 货币市场均衡线 MM

当货币供给增加时，MM 线会向左移动为 MM'线。因为当货币供给增加时，在任一汇率下都需要比原来更大的货币需求来吸纳增加的货币，这就需要通过降低利率来达到。反之，当货币供给减少时，MM 线会向右移动为 MM"线。

2. 本国债券市场均衡线 BB

BB 线表示的是当本国债券市场供求均衡时所要求的利率与汇率的组合。而财富效应在 BB 线的确定中仍具有重要作用。由于当 e 值上升（本币贬值）时，总资产随着原有的外国债券的升值而增加，带来对本国债券需求的增加（注意 $\partial B/\partial W > 0$），这又会进一步导致本国债券价格上升和利率下跌。因此，BB 线表现为左高右低的形状，其斜率为负，如图 5-2 所示。

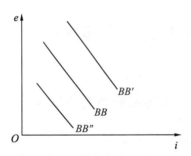

图 5-2 本国债券市场均衡线 BB

当本国债券供给增加（需求减少）时，本国债券价格下跌，利率上升，这意味着在同样的汇率下须对应更高的利率，BB 线向右移动为 BB'线；反之，当本国债券供给减少（需求增加）时，利率下将，BB 线向左移动为 BB"线。

3. 外国债券市场均衡线 FF

FF 线表示的是当外国债券市场供求均衡时所要求的利率与汇率的组合。它的形状受到本币资产相对收益率的影响：当本国利率上升时，本国债券的收益率上升，对本国债券的需求上升，对外国债券的需求下降，与以前相比，外国债券市场上出现超额供给，于是本币升值（外币贬值）。因此，在 FF 线上，i 上升时，e 下降，FF 线呈现左高右低的形状，其斜率为负。虽然 BB 线和 FF 线的斜率都为负值，但两者斜率的绝对值是不一样的，BB 线更陡峭。这是因为国内外资产具有不完全的替代性，对于外汇资产而言，涉及兑换过程和汇率风险，因此对外汇资产的需求比对本国债券的需求更具汇率敏感性，而对本国债券的需求比对外汇资产的需求更具利率敏感性。这种性质表现在图形上，就是同样的利率变动，在 BB 线上引起的位移要大于在 FF 线上引起的位移；而同样的汇率变动，在 FF 线上引起的位移要大于在 BB 线上引起的位移。

如图 5-3 所示，当汇率变动 Δe 时，在 FF 线上引起的位移 $a'b'$ 要大于在 BB 线上引起的移位 ab；而当利率变动 Δi 时，在 BB 线上引起的位移 cd 要大于在 FF 线上引起的位移 $c'd'$。因此，BB 线要比 FF 线更陡峭。

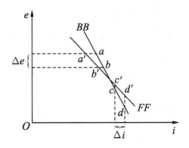

图 5-3　FF 线、BB 线对利率与汇率的敏感性

当外国债券供给增加（需求减少）时，表明在既定的本国利率下，这种外汇资产的超额供给会导致外币贬值、本币升值，因此 FF 线会向下移动为 FF' 线；而当外国债券供给减少（需求增加）时，又会导致外币升值、本币贬值，FF 线向上移动为 FF'' 线，如图 5-4 所示。

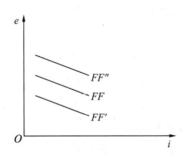

图 5-4　FF 线的移动

当货币市场、本国债券市场和外国债券市场同时达到均衡，也就是 MM、BB、FF 三条线相交于一点时，经济就达到了均衡状态，如图 5-5 所示。

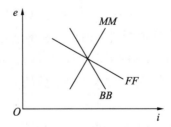

图 5-5　货币市场、本国债券市场和外国债券市场同时均衡

二、短期和长期均衡调整过程

上述均衡是短期均衡还是长期均衡,则取决于此时经常账户收支状况。当经常账户均衡时,经济达到的是长期均衡;当经常账户不均衡时,经济达到的只是短期均衡,此时经常账户的不均衡会影响外汇资产,并进一步引起利率、汇率的调整,这种调整又会影响到经常账户收支,最终使经常账户均衡,经济达到长期均衡状态。

(一)短期均衡调整过程

这里的均衡调整过程包括以下两种情况:

一是财富总量 W 不变时的调整过程。这个调整过程表现为本国政府在本国债券市场和(本国的)外国债券市场进行公开市场操作时的调整,这时财富总量没有变化。

二是财富总量 W 变动时的调整过程。这个调整过程则表现为中央银行融通本国政府的财政赤字和本国市场上外国债券供给增加这两种情况下的调整。

根据总财富方程式(5.1),在总财富一定的情况下,只有两个资产变量是独立的,任何两个市场的均衡必然意味着第三个市场的均衡。这个结论可推广到在 n 个市场的情况下,任何 $n-1$ 个市场的均衡必然导致总体均衡,这也就是所谓的瓦尔拉斯法则。

从后面的具体分析可见,总财富不变情况下的调整,通常是一种财富增加、另一种财富相应减少、最后一种财富不变的过程,这时前两种财富的均衡线要发生移动,但最后一种财富的均衡线不发生移动①。

但是,总财富发生变动时的调整则不适用瓦尔拉斯法则,这时三种财富的均衡线在调整过程中通常都要发生移动。

政府在公开市场吞吐债券是改变货币供应量的一项重要货币政策手段,对于资产组合平衡模型而言,政府的公开市场操作可以在本国债券市场进行,也可以在外国债券市场进行。

1. 总财富不变的两种调整过程

(1)政府在本国债券市场进行公开市场操作。

下面以买进债券、扩张货币为例进行分析。政府的这种操作实际上只引起社会上资产结构的变动,即货币资产增加,债券资产减少。如图5-6所示,货币资产供给的增加使 MM 线向左移动为 MM_1 线,本国债券供给的减少使 BB 线向左移动为 BB_1 线。由于外国债券的供给没有变化,所以 FF 线不变。根据总资产约束的道理可知,BB_1、MM_1、FF 三条线一定相交于 B 点,在这个新的均衡点,利率下降了,而汇率上升了。国内利率下降当然是货币供给增加和对债券的需求增加导致的,而汇率上升则是本币资产收益率下降和货币超额供给引起对外汇资产需求上升导致的。

---

① 当然,也有一种财富增加的数额等于另外两种财富减少数额的情况,如中央银行在本国债券市场和外国债券市场均买入债券。

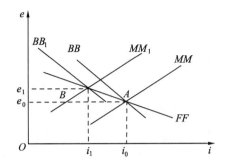

图 5-6　对政府在公开市场买进本国债券的调整

（2）政府在（本国的）外国债券市场进行公开市场操作。

这里以买进外国债券为例进行分析，对卖出外国债券的分析与此类似。如图 5-7 所示，这种政策操作导致外国债券供给减少和本币供给增加，MM 线向左移动为 MM_1 线，FF 线向右移动为 FF_1 线，本国债券供给不变，即 BB 线不变。新的均衡点为 B 点。显然，货币供给增加导致的利率下降和收购外国债券导致的汇率上升都在 B 点得到了体现。这也是导致总财富结构变化的政策操作。

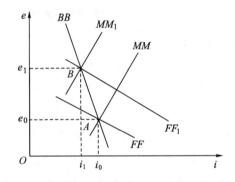

图 5-7　对政府在公开市场买进外国债券的调整

将图 5-7 与图 5-6 对比可以直观地看出，当政府在本国债券市场进行操作时，新旧均衡点 A、B 之间的利率变动较大，汇率变动相对较小；而当政府在外国债券市场进行操作时，新旧均衡点 A、B 之间的汇率变动较大，利率变动相对较小。这种结果是与本国债券需求利率弹性大而外国债券需求汇率弹性大相对应的。同时，这也意味着，对于总量变动相同的货币政策操作，当在本国债券市场与外国债券市场上分别或同时进行时，可以产生对汇率和利率有不同影响的丰富效果。

2. 总财富变动的两种调整过程

（1）中央银行融通本国政府的财政赤字。

中央银行融通财政赤字在短期里可看成是财政向央行透支。与公开市场操作不同的是，央行购买财政的赤字（购买财政新发行的债券）会导致名义财富总量的增加，同时货币供应也增加了。前面的分析已经表明总财富对三个财富变量的偏导数均大于零，这意味着随着总财富的增加,人们会趋向于增加对三种财富的持有。由于外国债券和本国债券的供给没有变化,对外国债券的超额需求会引起外币升值,即 FF 线向右移动为 FF_1 线;对本国债券的超额需求会引起债券价格上升、利率下跌,即 BB 线向左移动为 BB_1 线;只有货币供应是增加的,即 MM 线向左移动为 MM_1 线,形成新的均衡点 B,如图 5-8 所示。B 点表明对本国债券的需求增加引起债券价格上升和利率下降;对外国债券的需求增加引起外币升值和本币贬值;货币供给的增加当然也是本币利率下降和贬值的因素。

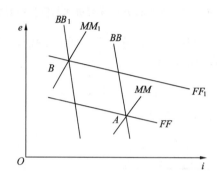

图 5-8 对央行直接融通财政赤字的调整

(2) 本国市场上外国债券供给增加。

前文已经谈到,购买对外债权,只能通过经常账户的盈余来完成,因此,这里的"外国债券供给增加"暗含本国货币资产和本国债券资产不变的前提。经常账户盈余增加导致的外国债券增加同时表现为总财富的增加。根据总财富方程的性质,当总财富增加时,人们趋向于增持各种资产。由于本国货币和债券的供给不变,则对货币的超额需求导致货币市场银根紧张,货币市场利率趋升,即 MM 线向右移动为 MM_1 线;而对本国债券的超额需求导致本国债券价格上升,本国债券市场利率(收益率)趋跌,即 BB 线向左移动为 BB_1 线;外国债券供给增加会引起本币升值,即 FF 线向左移动为 FF_1 线,新的均衡点为 B,如图 5-9 所示。

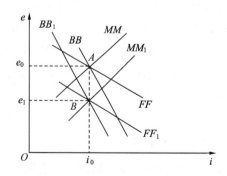

图 5-9 对外国债券供给增加的调整

需要特别指出的是,短期均衡点 B 的形成,并没有影响到原来的利率,只是汇率下降(本币升值)了。对此可以从不同角度进行解释。

从第一种角度来看,外汇市场具有极为灵活的价格调整机制。因为在浮动汇率制下,汇率能够对国际收支状况做出灵活的反应和调节,也就是外汇市场的汇率是完全弹性价格,在经过一个极其短暂的时期后,汇率可以对外汇资产的增加进行充分的调整,资产的增加完全被资产价格的下降抵销。即

$$e_0 F = e_1 F_1$$

于是,进一步得到

$$e_0/e_1 = F_1/F$$

$$\frac{e_0}{e_1} - 1 = \frac{F_1}{F} - 1$$

$$\frac{e_0 - e_1}{e_1} = \frac{F_1 - F}{F} \tag{5.3}$$

这表明,此时外汇资产(外国债券)增加的百分比就等于外币贬值的百分比。结果不仅是外汇资产的本币价值不变,而且总资产也不变:

$$W = M + B + e_0 F = M + B + e_1 F_1$$

从第二种角度来看,对本国货币和本国债券需求的增加会对利率形成相反的影响,在图形中表现为对本币需求上升有驱使利率上升的力量,而对本国债券需求上升又有驱使利率下降的力量。其结果为,国内利率受到的综合影响不变,而汇率下降对增加的外汇资产进行了充分的吸收。

(二)长期均衡调整过程

前面的讨论可看作短期均衡的调整,其特点是,当汇率和利率在某一时点达到均衡时,经常账户可能为顺差或逆差。如果经常账户不平衡,那么这种均衡只能是短期的,因为经常账户差额是影响外汇资产的最直接因素,经常账户的逆差或顺差会引起外汇资产的调整。从前面的分析可知,这又会影响到汇率和利率,比如经常账户逆差最终会引起外汇资产减少,汇率上升,本币贬值,在马歇尔-勒纳条件或毕肯戴克-罗宾逊-梅茨勒条件下,汇率上升会使出口增加、进口减少,从而改善国际收支,最终使经常账户平衡。这时达到的均衡才是长期均衡。

图 5-10 显示了资产组合平衡模型的调整过程。

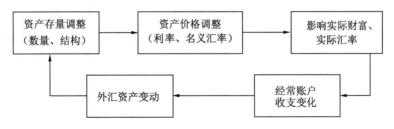

图 5-10 资产组合平衡模型的调整过程

通过简单的比较就可以看出，除了前提条件不同外，资产组合平衡模型与前面讨论过的模型有明显的不同：

第一，货币模型和汇率超调模型都是以存量分析为基础的，重点考察的是由货币存量变动引起的冲击和调整过程，但资产组合平衡模型则综合考虑了经常账户收支这一流量，从而将存量分析与流量分析结合起来。

第二，与蒙代尔-弗莱明模型相比，资产组合平衡模型则又表现出长、短期分析相结合的特点。我们可以在蒙代尔-弗莱明模型里看到，当汇率和利率达到均衡时，经常账户可能并未达到均衡；而资产组合平衡模型则进一步讨论了经常账户影响资产数量和结构，并最终导致经常账户均衡的过程，实现了短期分析与长期分析的结合。

第三，资产组合平衡模型认为国内外资产不是完全可替代的，国内外资产对汇率和利率变动有不同的敏感性，从而货币供给的结构性变化对汇率和利率有不同影响，而货币模型及有关分析只注意到货币总量与汇率之间的关系。资产组合平衡模型的这种进步，为更细致准确的货币政策操作提供了基础。

复习思考题

1. 资产组合平衡模型的前提条件是什么？
2. 资产组合平衡模型的基本思想是什么？
3. 在财富总量不变和变动两种条件下，资产组合平衡模型的调整过程的最显著差异是什么？
4. 在资产组合平衡模型里，判断是短期均衡还是长期均衡的关键是什么？

第六章 》政府对外汇市场的干预与管制

第一节　政府对外汇市场的干预

20世纪70年代以来，虽然很多国家都采用了浮动汇率，但是基本上所有国家都未完全放弃对汇率的管理，这种管理的主要表现形式之一就是政府对外汇市场的干预，即政府通过多种非行政、非法律手段介入市场来影响汇率，以使汇率朝着自己希望的目标变动。

一、政府干预外汇市场的目的

政府对外汇市场进行干预主要是因为这一市场在自发运行的过程中会出现市场失灵的问题，即市场自发确定的汇率不能同时实现内外均衡目标，不能引导资源的合理配置。

政府干预外汇市场的具体目的主要包括以下几个方面。

1. 防止汇率在短期内过度波动

国际市场上巨量游资流动常常导致汇率在短期内过度波动。造成这一现象的原因很多，如对未来货币政策等宏观条件波动的预期、充斥在外汇市场上的真假难辨的新闻、短期内出现的资产价格超调现象、投机者的兴风作浪等。汇率在短期内过度波动会降低它作为相对价格所发挥的引导资源合理流动的功能，从而对经济的稳定运行造成非常不利的影响。这意味着政府干预是必要的。

2. 避免汇率水平在中长期内失调

当汇率在中长期的平均水平或趋势比较明显地处于定值不合理（高估或低估）状态时，就可以称之为汇率失调。汇率水平是否失调，一般是依据对均衡汇率的估算及实际汇率与均衡汇率的比较得出的。而估算均衡汇率的方法主要有两种：

其一是购买力平价法，一般认为在汇率对购买力平价的偏离超过20%时，中央银行就有必要进行干预。当然，这一偏离不是短期的，而是要持续一定时期。

其二是约翰·威廉姆森提出的基本均衡汇率（Fundamental Equilibrium Exchange

Rate，FEER）测算法。汇率目标区里的中心汇率通常就是根据威廉姆森的上述方法估算出来的，不过它是一个带有价值判断色彩的概念，主要表现为政府对内外均衡目标值的确定，然后在此基础上推导出所要求的汇率和利率等要素。这个方法在政策分析中具有重要意义。根据威廉姆森的估算，20世纪80年代上半期，美元与日元存在着非常严重的失调问题，其中美元高估了39%，日元低估了19%。这一结论引起了西方各国的高度重视，在某种意义上说，该学说直接推动了各国对外汇市场的干预。

3. 进行政策搭配的需要

中央银行在外汇市场上的干预是一国货币政策的重要组成部分，因为中央银行在外汇市场上买入外汇就意味着基础货币投放的增加，具有与在国债市场上的公开业务操作相类似的效果，这就提供了货币政策内部不同工具搭配的可能性。同时，在外汇市场上的干预还可与财政政策及其他政策进行多种形式的搭配。

4. 其他产业政策和金融政策目的

政府对外汇市场的干预可能还出于其他目的。例如，政府为维持高汇率、刺激本国出口，就会进入外汇市场人为地造成本币低估。再如，对于存在长期性外汇短缺问题的国家，政府可能会入市小批量地持续买进外汇，以增加其所持有的外汇储备。又如，政府可能在外汇市场上买进和卖出不同品种的外汇，以调整其外汇储备的结构。

二、政府对外汇市场干预的类型

根据不同的角度，政府对外汇市场的干预可以有不同的分类。

1. 按干预手段分类

按干预手段的不同，政府对外汇市场的干预可分为直接干预与间接干预。

直接干预是指政府直接入市买卖外汇，改变原有的外汇供求关系，以引起汇率变化。

间接干预是指政府不直接进入外汇市场而进行的干预。其做法有两种：第一，通过改变利率等国内金融变量的方法，使不同货币资产的收益率发生变化，从而达到改变外汇市场供求关系乃至汇率水平的目的；第二，通过公开宣告的方法影响外汇市场参与者的预期，进而影响汇率。也就是说，政府可以通过新闻媒介表达对汇率走势的看法，或发表有利于中央银行政策意图的经济新闻和报告，这些做法都可以达到影响市场参与者心理预期的目的。作为金融理论课程，这里研究的对象基本不涉及上述"第二"条内容。

2. 按是否引起货币供应量的变化分类

按是否引起货币供应量的变化，政府对外汇市场的干预可分为冲销式干预（Sterilized Intervention）与非冲销式干预（Unsterilized Intervention）。

冲销式干预是指政府在外汇市场上进行交易的同时，通过其他货币政策工具（主要是在国债市场上的公开市场业务）来抵消前者对货币供应量的影响，从而使货币供应量维持不变的外汇市场干预行为。为抵消外汇市场交易对货币供应量的影响而采用的政策措施被称为冲销措施。

非冲销式干预则是指不存在相应冲销措施的外汇市场干预，这种干预会引起一国货币供应量的变动。这种分类是政府对外汇市场进行干预的最重要的分类，它们各自的效力是外汇市场干预讨论中最受关注的问题。

3. 按干预策略分类

按干预策略的不同，政府对外汇市场的干预可分为熨平每日波动型（Smoothing out Daily Fluctuation）干预、砥柱中流型或逆向型（Leaning Against the Wind）干预和非官方钉住型（Unofficial Pegging）干预。

熨平每日波动型干预是指政府在汇率日常变动时在高价位卖出、低价位买进，以使汇率变动的波幅缩小的干预形式。

砥柱中流型或逆向型干预是指政府在面临突发因素造成的汇率单方向大幅度波动时，采取反向交易的形式以维护外汇市场稳定的干预形式。

非官方钉住型干预是指政府单方向非公开地确定所要实现的汇率水平及变动范围，在市场汇率变动与之不符时就入市干预的干预形式。

政府在外汇市场干预中常常交替使用以上三种干预策略。

4. 按参与干预的国家数量分类

按参与干预的国家数量，政府对外汇市场的干预可分为单边干预与联合干预。

单边干预是指一国对本国货币与某外国货币之间的汇率变动，在没有相关的其他国家的配合下独自进行的干预。单边干预主要出现在小国调节其货币与大国货币之间的汇率的过程中；缺乏国际协调时，各国对外汇市场的干预也多采取单边干预的形式。

联合干预则是指两国乃至多国联合协调行动对汇率进行的干预。由于外汇市场上投机性资金的实力非常强大，同时国际间政策协调已大大加强，因此各主要大国在对外汇市场的干预上越来越多地采取联合干预。

三、外汇市场干预的效力分析

政府在外汇市场上的干预是通过两条途径发挥效力的。一是通过外汇市场上相关的交易来改变各种资产的数量和结构，从而对汇率产生影响，这可称为资产调整效应。二是通过干预行为本身向市场上发出信号，表明政府的态度及可能采取的措施，以影响市场参与者的心理预期，从而达到实现汇率相应调整的目的，这可称为信号效应。

（一）干预的资产调整效应

外汇市场干预的两种基本方式是冲销式干预与非冲销式干预。前者不会引起货币供应量的变化，但是会带来资产内部组成比例的变动；后者则会引起货币供应量的变化。因此，对各种资产之间相互替代性的不同假定，会导致对干预效应的不同结论。

在以下的分析中，我们将分别用货币模型与资产组合平衡模型对这两种干预的效力进行研究。

1. 在货币模型框架下的分析

首先分析非冲销式干预的效应。假定外汇市场上本币贬值超过了一定幅度，政府决定进行非冲销式干预。这一干预是通过在外汇市场上出售外币资产实现的，它造成了本国货币供应量的减少。根据货币模型的基本方程，决定汇率的主要因素是两国的货币供求之比，即

$$e = \frac{P}{P_f} \tag{6.1}$$

其中，P 表示本国在给定时期的一般物价水平，P_f 表示外国在同时期的一般物价水平，e 为汇率。

根据货币主义的价格决定理论，$P = M^s/M^d$，$P_f = M_f^s/M_f^d$，于是有

$$P/P_f = \frac{M^s/M^d}{M_f^s/M_f^d} = e \tag{6.2}$$

其中，M^s 和 M^d 分别为国内名义货币供给和实际货币需求，M_f^s 和 M_f^d 分别为外国名义货币供给和实际货币需求。

由于外国的货币供给和货币需求是外生变量，本国实际货币需求稳定，非冲销式干预改变了本国货币供应 M^s，那自然会影响由式（6.2）决定的汇率——非冲销式干预有效。

还可以得到的推论是：冲销式干预保持了本国货币供应 M^s 不变，那么由式（6.2）决定的汇率就不会受到影响——冲销式干预无效。

2. 在资产组合平衡模型框架下的分析

这部分分析主要通过图 6-1 和图 6-2 完成。

在资产组合平衡模型下，本币资产与外币资产之间不完全替代，汇率是由相互联系的三个不同的资产市场（货币市场、本国债券市场、外国债券市场）共同决定的。

如果出现本币贬值压力，为了阻止本币贬值，政府在外汇市场上出售外国债券，这将带来外国债券供给的增加。在图 6-1 中表现为 FF 线向左移动为 FF_1 线，FF_1 线与原来的 BB 线及 MM 线分别相交于 C 点和 B 点。显然，政府采用的干预方式不同，会带来 BB 线与 MM 线的不同变动，从而决定了不同的均衡汇率。

先假设政府采用非冲销式干预，则政府出售外国债券将使本国货币供应量减少，MM 线右移，而本国债券不发生变动，BB 线不变。显然，FF_1 线与 BB 线的交点 C 就是新的经济平衡点。因为根据资产组合平衡模型的条件，这两个市场处于平衡时，货币市场必然也处于平衡之中，即 MM 线右移直至经过 C 点，到达 MM_1 线位置。此时 C 点确定的汇率为 e_1（$e_1 < e_0$），本币升值，即这一干预是有效的。

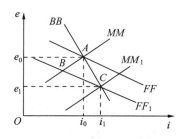

图 6-1　资产组合平衡模型下的非冲销式干预

如果政府采用冲销式干预，则政府在出售外国债券的同时，还买进相同数量的本国债券，结果是本国货币供应量不变，而本国债券供给减少。如图 6-2 所示，显然 MM 线不发生变动，FF 线向左移动为 FF_1 线，MM 线与 FF_1 线的交点 B 就是新的经济平衡点，BB 线左移直至经过 B 点，到达 BB_1 线位置。在 B 点上，由于 $e_2 < e_0$，所以这一冲销式干预是有效的，能够带来本币升值（能够影响汇率）。

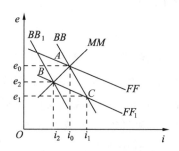

图 6-2　资产组合平衡模型下的冲销式干预

综上所述，可以得出如下结论：

无论是货币模型还是资产组合平衡模型，都一致认为非冲销式干预是有效的，但在用非冲销式干预达到外部均衡的过程中，货币供应量的变化会影响价格、利率等内部变量，从而影响内部均衡。

对于冲销式干预，货币模型和资产组合平衡模型有着不同的看法，前者认为无效，后者认为有效，只是其效果不如非冲销式干预明显。在资产组合理论下，即使货币供应量不变，也能够通过资产结构的变化调节外部均衡。不少人将这层意思表述为：冲销式干预可以影响外部均衡而不影响内部均衡。

（二）干预的信号效应

政府对外汇市场公开进行的干预活动，本身就可视为政府向市场发出的信号，表明政府对现有状况的态度，预示着政府将采取的政策措施。因此，这一干预会通过改变各种市场参与者的预期来达到预期的干预目的。更精确地说，要实现外汇市场干预的信号效应，就要满足以下条件：

第一，市场参与者要有合理的经济人行为规则。

第二，政府对外汇市场的干预必须不存在其他目的，否则，市场参与者将无法判断这一干预是为了向市场传递有关信息，还是出于其他方面的需要。

第三，干预必须比其他传递信息的方式在改变市场预期方面更具有优势。也就是说，干预应比简单的声明更具有说服力，能够更充分地表达出政府的意图，否则，它很难有效地影响市场预期。

第四，干预所预示的未来政策必须能够引起汇率的相应变动。以货币模型为例，政府的货币供给对汇率变动有着最直接的影响，如果干预预示的不是货币供给的调整，或者它预示的货币供给调整方向错误，则无法使汇率按政府的意愿调整。

第五，政府必须建立起言行一致或具有政策一致性的声誉，从而使政府发出的信号具有可信性。如果政府在以前的干预中，并未按其干预时所预示的那样改变未来的政策，则市场在受到欺骗之后，就不会再相信政府今后的所作所为。这样，政府在干预中所传递的信号均被视为不可信，也就无法改变市场参与者的心理预期。

四、政府对外汇市场干预的实践

自浮动汇率制实行以来，各国政府对外汇市场的干预始终是国际金融领域非常重要的事件。美国自20世纪80年代以来就不断地对外汇市场进行干预。美国对外汇市场干预的态度可以以1985年为界划分为两个阶段。1985年以前，美国推行的是对美元汇率放任自流的所谓"有益的忽视"（Benign Neglect）的汇率政策。在20世纪80年代早期的里根政府时期，美国实行的是扩张性财政政策与紧缩性货币政策相结合的搭配措施，减税、增加国防开支等措施使政府财政赤字迅速上升，财政政策的扩张倾向特别明显。为了保证政府的财政赤字可以得到稳定的融资，同时防止经济出现过热现象，美联储采取了提高利率的措施，以吸引大批资金流入美国。同时，在经常账户赤字的情况下，美元却因资金的大量流入而不能贬值，本国高利率与美元高汇价使出口部门受到双重打击，这又进一步恶化了经常账户收支。在此期间，美国对外汇市场基本上不进行任何干预，只是在极少数偶然情况下（如里根遇刺时）才入市防止市场的过分震荡。这样，美国经济表现为美元持续升值与经常账户赤字达到创纪录水平这两者的结合，这导致美国国内经济也出现了一系列的问题，引起了决策部门与理论界的普遍担忧。主流观点认为，美国的国际收支因过分依赖于资金流入，存在着严重的可维持性问题。由于美元的高估已严重影响到国际金融体系的稳定，美国、英国、德国、日本、法国五国财政部长于1985年9月22日在纽约的广场饭店召开会议讨论美元贬值问题，发表了《广场宣言》（Plaza Announcement），表示将采取联合干预措施，以使美元币值从过于高估的水平下降。在宣言发布的次日，外汇市场上的美元汇价就开始下降。伴随着美国采取降低利率等宽松货币政策，美元贬值一直持续到1987年。《广场宣言》的发布，标志着美国乃至各国在干预外汇市场问题上态度的转变，政府不仅认识到了对外汇市场进行干预的必要性，而且基本达成了应该协调行动联合干预的共识。到了1986年年底，美元的币值又成为国际关注的焦点。此时，其他国家都认为美元的贬值已经足够。1987年2月

22日，美国、英国、德国、法国、日本、加拿大、意大利七国外长和央行行长在法国卢浮宫又召开了一次会议，在该会议上达成了《卢浮宫协议》(Louvre Accord)，各国承诺共同协调使美元汇率基本稳定在当时的水平。自此以后，政府对外汇市场的干预仍在进行，但一般来说都避免了承诺对汇率的特定水平与变动范围的维持，而主要在汇率发生大幅度波动时才予以干预。对外汇市场干预的程度和范围一直存在争论，特别在运用到实际中时，就需要对许多方面进行仔细研究。

第二节　政府对外汇市场的直接管制

政府也经常采取直接管制措施来实现经济金融稳定和国际收支平衡。所谓直接管制，就是以行政或法律手段直接介入经济。但是，政府是否应该采取直接管制政策则是一个争议较大的问题。一般认为，长时期的直接管制会造成各种扭曲，进而影响到一国经济的活力，应该只是在不得已的情况下才使用。本节将分析政府采取直接管制政策的原因、直接管制政策的形式和效果。

一、直接管制政策概述

（一）政府采取直接管制政策的原因

政府之所以对经济采取直接管制政策，是因为当经济运行中出现种种问题时，不仅经济的自发调节机制因各种缺陷难以发挥效力，而且政府还难以通过采取其他类型的政策措施达到预期目的。具体而言，政府采取直接管制政策的原因包括以下四个方面。

1. 短期冲击因素

直接管制政策具有收效非常迅速和针对性强的特点。面对各种冲击，如果市场自发调节及政府调控措施都很难及时奏效，直接管制政策就非常必要。

经济运行中的冲击包括实际性冲击（生产率差异的扩大、消费偏好的转移等）、货币性冲击（货币供给扩张、通货膨胀率变动），以及由各种因素导致心理预期的改变所产生的投机性冲击。这些冲击会使经济难以及时调整至新的均衡位置，从而产生调整滞后或调整过度现象，使经济出现失衡、混乱甚至动荡。从调整滞后来看，根据J曲线效应，经常账户收支对贬值的反应存在时滞并可能使短期内的国际收支更加恶化，如果此时缺乏资金流入并且政府储备不足，就会直接面临国际收支的可维持性问题。从调整过度来看，主要表现为国际资金流动，尤其是短期投机性资金的冲击导致的汇率与利率的过度波动。

因此，避免各种冲击给经济带来不良影响是政府采取直接管制政策的第一个原因。

2. 宏观政策因素

致使政府采取直接管制政策的宏观政策因素就其性质来说有两种。

一种是为了保证原有政策能够发挥预期效力。例如，政府要发挥经济政策的效力，往往就需要对资本流动进行控制。从这个角度来看，直接管制政策扩大了政府在开放经济条件下政策搭配方式的选择余地。再如，如果宏观调控的市场基础薄弱（如金融市场的发育不佳），就会导致货币金融政策不能通过市场有效传导，那么就有必要实施一定的直接管制政策。

另一种是政府采取了不合理的宏观政策，导致最后被迫采取直接管制措施以避免危机。例如，在固定汇率制下，政府需要推行扩张性财政政策，在中央银行的独立性没有确实保障的条件下，货币政策往往就会从属于财政政策，所以该国不得不以国内信贷的扩张来融通财政赤字，这种信贷扩张会导致该国居民增加对外国商品、劳务或外国资产的购买，使该国出现国际收支逆差。在固定汇率制下，国际收支逆差会导致外汇储备减少，如果任由这一现象持续下去，将会出现货币危机。因此，政府也会采取直接管制措施。

3. 微观经济因素

微观经济因素也可能导致政府实行直接管制政策。例如，一国价格体系本身不合理，存在着各种扭曲因素；一国微观经济实体活力不够，难以对价格信号做出及时反应；企业的产品质量低下，缺乏国际竞争力；进出口产品的结构不合理；社会资源在各部门的流动中存在障碍；等等。这些因素都会使一国面临较长时期的外汇短缺及其他的国内经济问题，政府常会被迫采取各种直接管制措施。

4. 国际交往因素

一般来说，一国经济的开放都是逐步实现的。这样，对于原来相对封闭的国家来说，其特定的经济条件导致它不能听任本国与其他国家间的国际交往自由进行。例如，在经济体制和价格体系与外部世界存在巨大差异的情况下，经济的开放性会对国内经济的运行及各种比价关系形成冲击，迫使政府对经济的开放性进行某种程度的直接限制。再如，当本国金融体系及金融监管不太健全时，本国经济也不能承受国际资金自由流动给金融部门造成的巨大冲击。这些情况也表明了直接管制存在的合理性。

（二）直接管制政策的形式①

政府对外汇交易的管制主要有三部分内容：一是对货币兑换的管制；二是对汇率的管制；三是对外汇资金收入和运用的管制。

首先看关于货币兑换的管制。开放经济的经济交易涉及不同的币种，因此就存在着

---

① 除了对外汇、汇率的管制外，根据实施对象的不同，还有以下几种直接管制：

第一，对价格的管制。这一管制常体现为对物价（包括进口商品的国内价格）及工资制定最高（低）限制。为保证这一限价措施发生效力，还可伴随有对相应商品的数量配给措施。

第二，对金融市场的管制。这一管制的主要形式是对各种利率制定界限、对贷款及资金的流出数量实行限额控制。

第三，对进出口贸易的管制。这包括针对不同商品的有区别的关税措施，各种非关税壁垒如进口配额、进出口许可证等。

对这些货币进行兑换的需求。政府将对货币汇兑的管制用于对经济的管理。这种管制主要是对国际收支中不同账户的兑换条件进行限制。比如，对需要鼓励发展的部门放松兑换条件；对需要控制发展的部门收紧兑换条件。货币兑换管制是外汇管制的核心。

其次看关于汇率的管制。对汇率的管制主要表现为政府实行的复汇率制，也就是政府对不同的经济领域规定不同的兑换汇率，以体现政府（用有利的汇率）鼓励或（用不利的汇率）抑制某些类型的经济活动的意图。表现为该经济体系内同时存在两种或两种以上的官方汇率。

最后看关于外汇资金收入和运用的管制。这种管制对收入外汇的运用做了广泛的规定，包括哪些（来源的）外汇能用，或者外汇只能用于哪些（政府希望的）用途等。它与货币兑换的管制关系非常密切，也可以说是货币兑换管制政策目的的具体延伸。

二、直接管制政策的经济效应分析

关于直接管制政策对经济的影响，一直是一个存在争议的问题。当经济出现必须使用直接管制政策的特定状态时，直接管制政策往往可以对经济发挥积极作用。同时，直接管制政策常常也不可避免地会对经济造成各种程度不同的扭曲。下面将以外汇兑换管制为例，从纯经济理论的角度分析一下管制的成本。

如图 6-3 所示，纵轴表示汇率（直接标价法），横轴表示外汇数量，S 曲线表示外汇供给，D 曲线表示外汇需求，I 是市场自发调节时形成的均衡汇率位置，OC 是政府管制的较低汇率水平。政府确定的汇率低于均衡水平，从而导致在这一价格下的市场供给（OL）低于市场需求（ON），外汇市场上出现了对外汇的超额需求（LN），政府遂采取外汇兑换管制以对外汇需求进行数量控制，使市场外汇交易量限制在 OL 水平。也就是说，购买外汇需要从政府获取许可证，由政府来认定哪些人（机构）能够来兑换外汇（外汇兑换管制）。对于市场供给的外汇数量 OL，需求者愿意为此支付的外汇价格为 OB。这就意味着，如果存在可以自由反映市场需求情况的外汇黑市，则可以从官方市场以较低价格（OC）购入外汇后，再以更高的价格（OB）在黑市上卖出，从而从每一单位外汇的交易中获得一定收益（BC）。从全社会来看，就存在一笔可以利用不同市场的价格差异而赚取的收入，这被称为经济租金（Rent）。在图 6-3 中，租金总额可以用 $BCHG$ 这一矩形的面积表示。实际上，行政管制通常都是各种因素影响下的一种不得已行为，因为这样的管制往往会导致社会福利的净损失和一系列其他问题。

由图 6-3 可知，未实行管制时供给与需求数量是 M，供给（生产）总成本是 $OMIF$（相应区域的面积，下同），需求总效益是 $OMIA$，社会净效益是总效益与总成本之差，也就是三角形 AIF 表示的部分。

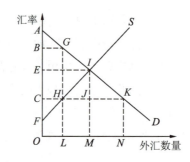

图 6-3　外汇兑换管制的经济效应分析

而在实行管制的情况下，供给与需求数量只能是 L，供给（生产）总成本是 $OLHF$，需求总效益是 $OLGA$，社会净效益是总效益与总成本之差，也就是多边形 $AGHF$ 表示的部分。

显然，与没有实行管制时相比，社会净效益减少了三角形 GIH 表示的部分。

除了上述理论指出的社会福利净损失外，管制还可能引发一系列其他社会经济问题，包括：

（1）寻租（Rent Seeking）与腐败。存在着经济租金，就必然存在着谋求将这一经济租金转化为个人收入的寻租行为。政府对用汇许可证的发放是不可能完全规则化、公开化的，寻租者就会用各种方式来影响政府官员的决策，乃至于产生贿赂等一系列非法行为，这类行为的另一面就是相关行政人员存在一定程度的腐败。

（2）加剧社会不公平。寻租活动的结果是租金以各种形式转化为个人收入。由于这一收入并不是由生产活动带来的，它实质上是一种收入的再分配，并且这种分配往往使社会分配更加不公平（因为能获得许可证的人一般都更有权势与经济实力）。

（3）资源配置偏离效率。前面分析的社会福利净损失已经在数量上揭示了这一点。另外，从市场竞价机制来看，BC 的价差意味着许多交易者外汇使用效益更高，但缺乏寻租手段，外汇反而流向了使用效益更低的交易者。这还会导致一些原来潜心于本职业务的人（企业）不得不分散精力和资源，转而去钻营寻租。

（4）外汇兑换管制往往带来一个规模较大的外汇黑市，这会直接影响一国的经济秩序。

（5）本币定值过高会打击产品出口，削弱出口部门的国际竞争力，从长期来看会影响本国经济的进一步发展。与此同时，本币定值过高会促进一些低效率的进口替代工业的发展。

（6）外汇兑换管制会对国际间经济交往产生不良影响。例如，对经常账户兑换的管制会阻碍国际间的自由贸易，还会引发各国间的贸易战与汇率战，破坏正常的国际贸易秩序。

综上所述，外汇兑换管制除存在正面效应外，还存在不少消极效应。权衡比较这两种效应以做出正确的选择已经成为国际金融政策选择的一个难题，也是留给本教材读者的一个思考题。现在，比较普遍的观点是，直接管制政策实施的时间越长，弊端就越大，因此逐步取消各种直接管制政策才是发展的方向。

1. 什么是冲销式干预和非冲销式干预？
2. 解释单边干预和联合干预。
3. 直接管制政策的必要性体现在哪些方面？
4. 直接管制政策的负面效果有哪些？
5. 试利用货币模型与资产组合平衡模型分析不同外汇市场干预方式的效力。

第七章 国际储备问题

第一节 国际储备的含义与结构

一、国际储备的含义

国际储备（International Reserve），是指一国货币当局能随时用来干预外汇市场、支付国际收支差额的资产。按照这个定义，一种资产须具备以下三个特征才能成为国际储备：

第一个特征是可得性，即它是否能随时、方便地被政府得到。

第二个特征是流动性，即它变为现金的能力。

第三个特征是普遍接受性，即它是否能在外汇市场上或在政府间清算国际收支差额时被普遍接受。

二、国际储备的结构

理论和实务界对国际储备进行了定义和划分。将最大口径的"国际储备"划分为自有储备和借入储备，并将其称为"国际清偿力"（International Liquidity）。自有储备是狭义的国际储备，其数量多少反映了一国在涉外金融领域的地位。而自有储备和借入储备的总和，则反映了一国货币当局干预外汇市场的总体能力。虽然借入储备多半是短期的，但因为引起汇率波动的因素也常常有许多是短期因素，因此，包含自有储备和借入储备的国际清偿力，就常常被研究人员和市场交易者视作一国货币当局维持其汇率水平能力的重要依据。国际储备具体包含的内容如表7-1所示。

表7-1 国际清偿力的构成

自有储备	借入储备
1. 黄金储备	1. 备用信贷
2. 外汇储备	2. 互惠信贷和支付协议
3. 在国际货币基金组织的储备地位	3. 本国商业银行的对外短期可兑换货币资产
4. 在国际货币基金组织的特别提款权余额	4. 其他类似的安排

(一) 自有储备

自有储备由以下几部分构成。

1. 黄金储备

自1976年起,根据国际货币基金组织的《牙买加协议》,黄金同国际货币制度和各国的货币脱钩,黄金不再是货币制度的基础,不再用于政府间国际收支差额的清算。但是,国际货币基金组织在统计和公布各成员国的国际储备时,依然把黄金储备列入其中。这主要是因为黄金一直被人们视为一种最后的支付手段,它的贵金属特性使其易于被人们接受,各国货币当局可以方便地通过在世界上发达的黄金市场出售黄金来获得所需的外汇。

2018年,世界各国官方黄金储备之和为3.4万吨,占世界黄金总量16万吨的比例不到1/4。而在这3.4万吨的官方储备里,美国、德国、意大利、法国、俄罗斯和中国这六个国家就占超过2万吨。具体分布情况如表7-2所示。

表7-2　2018年主要黄金官方储备国　　　　　　　　　　　　　　　　　单位:吨

国家	美国	德国	意大利	法国	俄罗斯	中国
黄金储备	8 134	3 371	2 451	2 430	1 910	1 843

资料来源:世界黄金协会。

2. 外汇储备

外汇储备是当今国际储备中的主体。说它是主体,是因为它的数额超过所有其他类型的储备位列第一,而且外汇储备在实际中使用的频率也最高。

由于外汇储备是国际储备中的主体,因此就全球而言,外汇储备供给状况直接影响到世界贸易和国际经济往来能否顺利进行。在第二次世界大战后到20世纪70年代以前,外汇储备的供给几乎绝对依赖于美元,美元在全球外汇储备中的占比经常在80%以上。自20世纪70年代初期起,由于美元币值的相对不稳定,加上其他一些高速发展的经济体崛起于欧洲、亚洲,储备货币开始出现多样化。美元在全球外汇储备中的重要性已相对下降。表7-3给出了2021年第三季度全球外汇储备的币种结构。

表7-3　2021年第三季度全球外汇储备的币种结构(按货币分配的储备)

货币种类	数量/亿美元	占比/%	货币种类	数量/亿美元	占比/%
美元	70 813.9	59.15	加拿大元	2 621.7	2.19
欧元	24 521.0	20.48	澳大利亚元	2 171.9	1.81
日元	6 973.5	5.83	瑞士法郎	204.2	0.17
英镑	5 727.6	4.78	其他货币	3 488.7	2.91
人民币	3 189.9	2.66			

资料来源:国际货币基金组织。

注:国际货币基金组织将全球外汇储备分为按货币分配的储备和没有按货币分配的储备两类。2021年第三季度,全球外汇储备中没有按货币分配的储备为8 562.2亿美元。

除了币种结构外,外汇储备在发展中国家和工业国家(这是国际货币基金组织的分类)之间的分布是另一个"结构"。这个结构的变化有一个重要的时间点:1993 年。在 1993 年以前,工业国家的外汇储备是超过发展中国家的,但是在 1993 年以后,发展中国家的外汇储备就超过了工业国家。到 2000 年,发展中国家的外汇储备总量达到了(折合)7 664 亿美元,大大超过了工业国家所拥有的 4 904 亿美元。表 7-4 列出了 2018 年第一季度外汇储备排名前 9 位的国家,其中发展中国家的名字令人印象深刻。

表 7-4 主要的外汇储备国家(2018 年第一季度) 单位:千亿美元

国家	中国	日本	瑞士	沙特	印度	韩国	巴西	俄罗斯	新加坡
外汇储备	31.6	12	7.9	4.9	4.0	3.9	3.6	3.6	2.8

资料来源:国际货币基金组织。

当然,主要发达国家实际上并不是很在意外汇储备,因为它们自己发行的本币就是在国际上可以流通的硬通货,而且它们的国际融资能力很强。发展中国家在国际交往活动中对外汇储备的依赖则要大得多。

3. 在国际货币基金组织的储备地位

国际货币基金组织犹如一个股份制性质的储蓄互助会。当一个国家加入国际货币基金组织时,它就须按一定的份额向该组织缴纳一笔钱,这笔钱称为份额。按该组织现在的规定,认缴份额的 25% 须以可兑换货币缴纳,其余 75% 用本国货币缴纳。成员国在发生国际收支困难时,有权以本国货币为抵押向该组织申请提用可兑换货币。提用的数额分五档,每档占其认缴份额的 25%,条件逐档严格。由于第一档提款额就等于该成员国认缴的可兑换货币额,因此,条件最为宽松,在实践中只要提出申请便可提用这一档。该档提款权为储备部分提款权,其余几档为信用提款权,在提取时就有附加条件,提取的档次越靠后,附加条件就越严苛。

4. 在国际货币基金组织的特别提款权余额

国际储备中的特别提款权(Special Drawing Right,SDR)部分,是指该国在国际货币基金组织特别提款权账户上的贷方余额。特别提款权是相对于普通提款权的又一种使用国际清算手段的权力。国际货币基金组织于 1969 年创设特别提款权,并于 1970 年按成员国认缴的份额向参加特别提款权部分的成员国分配特别提款权。

按照国际货币基金组织的设定,特别提款权只具有政府间的国际清算职能,并不能用于私人间的清算,但无论如何,特别提款权具有"国际间清算"的硬通货特质,所以它的构成成分只能是具有强大经济实力的国家的货币。在 2016 年之前,特别提款权的价值构成如下①:

$$SDR = 41.9\% 美元 + 37.4\% 欧元 + 11.3\% 英镑 + 9.4\% 日元$$

---

① 这里的"="只是一种价值构成示意,具体的折算还有相关细则。

随着中国的经济发展及在国际上的影响力日益扩大，国际货币基金组织在 2016 年将人民币加入了特别提款权。因此，在 2016 年之后，特别提款权的价值构成变为

SDR = 41.73% 美元 + 30.93% 欧元 + 10.92% 人民币 + 8.33% 日元 + 8.09% 英镑

在 SDR 的这一变化中，可以很明显地注意到两个特征。一是人民币一加入就在权重上超过了日元和英镑；二是美元几乎未对人民币的加入让出份额，人民币占有的权重是欧元、英镑和日元让出来的。这既反映出由于中国的高速崛起，SDR 中再不反映中国因素已经不合时宜，也反映出美国对中国的加入不情不愿但又无可奈何。

由于通常所说的"汇率变化"，就是一种货币对另一种或另一些主要货币的比价变化，因此，美元币值的上升基本上就是欧元、日元等货币币值的下降，而美元币值的下降通常就是欧元、日元等货币币值的上升。这样，SDR 就具有优于其他单种货币的稳定性。

（二）借入储备

借入储备是国际货币基金组织认可的可作为国际清偿力的储备。借入储备资产主要包括备用信贷、互惠信贷和支付协议、本国商业银行的对外短期可兑换货币资产三项内容。

1. 备用信贷

它是一成员国在国际收支发生困难或预计要发生困难时，同国际货币基金组织签订的一种备用借款协议。这种协议通常包括可借用款项的额度、使用期限、利率、分阶段使用的规定、币种等内容。协议一经签订，成员国在需要时便可按协议规定的方法提用，无须再办理新的手续。虽然备用信贷协议中规定的借款额度，有时并不被完全使用，甚至有的成员国与国际货币基金组织签订了备用信贷协议后始终没有使用，但无论如何，成员国都要对未使用部分的款项缴纳约 1% 的年管理费。无论是否使用，备用信贷协议依然具有重要意义：该协议的签订既表明政府干预外汇市场的能力得到了提升，也表明政府干预外汇市场的决心，能够对外汇市场形成震慑作用。

2. 互惠信贷和支付协议

互惠信贷和支付协议是指两个成员国签订的接受对方贷款、使用对方货币的协议。按照该协议，其中一国在发生国际收支困难时，可按协议规定的条件（通常包括最高限额和最长使用期限）自动地使用对方的货币，然后在规定的期限内偿还。这种协议同备用信贷协议一样，从中获得的储备资产是借入的，可以随时使用。两者的区别是：互惠信贷协议不是多边的，而是双边的，它只能用来解决协议国之间的收支差额，而备用信贷可以用于清算同第三国（国际货币基金组织成员国）的收支差额。

3. 本国商业银行的对外短期可兑换货币资产

本国商业银行的对外短期可兑换货币资产，尤其是在离岸金融市场或欧洲货币市场上的资产，虽然其所有权不属于政府，也未被政府借入，但因为这些资金流动性强、对政策的反应十分灵敏，所以政府可以通过政策、新闻、道义的手段来诱导其流动方向，

从而间接达到调节国际收支的目的。

第二节 国际储备的作用

国际储备的作用，可以从两个层次来理解。

第一个层次是从世界的范围来考察国际储备的作用。随着世界经济和国际贸易的发展，国际储备也相应增加，它起着支持国际商品和金融资产流动的媒介作用。

第二个层次是具体到每一个国家来考察。从一国角度来看，持有国际储备主要有以下三个目的：

（1）清算国际收支差额，维持对外支付能力。当一国发生国际收支困难时，政府需要采取措施加以纠正。如果国际收支困难是暂时性的，则可通过使用国际储备予以解决，而不必采取影响整个宏观经济的财政政策和货币政策来调节。如果国际收支困难是长期的、巨额的或根本性的，则国际储备可以起到一定的缓冲作用，它使政府有时间渐进地推进其财政和货币调节政策，避免因猛烈的调节措施而带来国内社会震荡。

（2）干预外汇市场，调节本国货币的汇率。当本国货币汇率在外汇市场上发生变动或波动，尤其是因投机性因素引起本国货币汇率波动时，政府可动用国际储备来缓和汇率的波动，甚至改变其变动的方向。通过出售储备、购入本币，可使本国货币币值上升；反之，通过购入储备、抛出本币，可增加市场上本币的供应，从而使本国货币币值下降。由于各国货币当局持有的国际储备总是有限的，因此外汇市场干预只能对汇率产生短期的影响。但是，汇率的波动在很多情况下是由短期因素引起的，所以外汇市场干预能对稳定汇率乃至稳定整个宏观金融和经济秩序起到积极作用。

（3）信用保证。国际储备的信用保证作用包含两层意思：一是可以作为政府向外借款的保证；二是可以用来维持人们对本国货币价值稳定的信心。显然，一国的国际储备多，人们对该国的信用和货币价值稳定的信心就大。

第三节 国际储备的主体——外汇储备及其供需影响因素

在"自有储备"中，"在国际货币基金组织的储备地位"和"在国际货币基金组织的特别提款权余额"都是在国际货币基金组织的规定约束之下的，一国政府并不能随意将其在美元、欧元、日元资产之间转换或投资，其数量也是被国际货币基金组织确定的，"黄金储备"的运用也会受制于其实物形态，而且这三个部分的来源是比较明晰的，在整个"自有储备"中所占的比例很小，大约只有百分之十几，因此这里就不再对它们进行讨论。而"外汇储备"是国际储备中最主要和最重要的部分。要正确管理国际储备，核心内容就是正确管理外汇储备。为此必须首先了解外汇储备的供给与需求及其影响因素。

一、外汇储备供给及其影响因素

外汇储备的供给也就是外汇储备的来源，从一国的角度来看，外汇储备的来源一般来说有以下三个方面。

1. 国际收支顺差

国际收支顺差是一国获取外汇储备的主要渠道，它是经常账户、资本和金融账户冲减的结果。具体包括两个方面：

（1）国际收支经常账户顺差。经常账户顺差被视为外汇储备最为可靠和稳定的来源，是一国经济实力、竞争能力和发展后劲的表现。由经常账户顺差所形成的外汇储备被称为债权性外汇储备，它是本国通过商品和劳务出口所创造的、本国拥有并可以自由运用的外汇资产。在不存在资本净流出时，如果一国的经常账户为顺差，就形成一国的外汇储备；而在不存在资本净流入时，如果一国的经常账户为逆差，则必然使外汇储备减少。

（2）国际收支资本和金融账户顺差。当一国的资本流入大于资本流出时，资本账户就会形成顺差，如果这时不存在经常账户逆差，这些顺差就形成了外汇储备；当一国的资本流出大于资本流入时，资本账户就会发生逆差，如果这时不存在经常账户顺差，外汇储备就必然减少。由资本账户顺差所形成的外汇储备具有借入储备的性质，因此被称为债务性外汇储备，它主要包括国外借款和外国直接投资。由于本国没有这些资金的所有权，不能自由运用且必须考虑还本付息，外国直接投资到期后就会以利润的形式汇出，还存在外国投资者提前撤回投资的可能，因此资本和金融账户顺差所形成的外汇储备具有不稳定性。

2. 中央银行干预外汇市场所得

中央银行通过干预外汇市场而收进的外汇可以增加外汇储备存量。如果本国货币受到升值压力，中央银行为了避免汇率波动对经济产生不利影响，往往在外汇市场抛售本币、购进外币，这部分新增加的外汇就形成了外汇储备。

3. 国际储备的结构性转化

国际储备的结构性转化，即通过在国际市场上出售黄金来增加外汇储备。黄金仍被各国视为财富的代表、最终支付手段和重要的储备资产，因此当一国受某些因素影响而无法通过其他渠道获取外汇时，便可通过出售黄金来换取外汇，以增加外汇储备。

二、外汇储备需求及其影响因素

从货币的角度来看，对外汇储备的需求就是对其他国家货币的需求。凯恩斯的货币需求理论就可用来解释一国持有他国货币余额的需求动机，具体内容包括以下几个方面。

1. 交易性需求

一国需要一定量的外汇储备来清偿国际收支的差额，维持对外支付能力，如支付外国的商品和服务的进口、支付外国的投资利润或利息、购买外国的证券等。从维持对外支付能力方面考虑，一国国际收支逆差出现的频率越高、数额越大，对外汇储备的需求也就越大；反之，对外汇储备的需求也就越小。

交易性需求主要包括进口用汇需求、外债还本付息需求、外商投资企业利润汇出需求及经常账户下其他用汇需求。

进口是影响外汇储备交易性需求的主要因素。很显然，如果一国的开放程度高，对国际经济环境的依存度高，进口金额大，那么该国对外汇储备的需求就大；反之，对外汇储备的需求就小。

外债还本付息及外商直接投资（FDI）利润汇出也是影响外汇储备交易性需求的重要组成因素。外债最终是需要偿还的，如果没有充足的外汇储备作为偿还的保证，国家就有可能陷入严重的债务危机，20世纪80年代拉美国家的债务危机就是如此。对于引进外商直接投资而言，虽然它不是借债，不需要还本付息，但外商投资的目的是赚取利润。因此，接受投资的东道国经常账户下每年都会有大量的利润汇出，即便是利润转为追加投资，这也只意味着利润汇出的延迟。外商直接投资规模达到一定程度，由此产生的利润汇出也可能会对一国形成对外支付压力。一国货币当局在制定外汇储备政策时，必须考虑到外商直接投资对外汇储备的需求。

2. 预防性需求

预防性需求是指一国货币当局在外汇市场出现大幅震荡、发生金融危机时，就必须为及时干预外汇市场而动用外汇储备。这种对外汇储备的需求，既是一种干预需求，也可以说是一国货币当局为缓冲外部因素对国内经济形成冲击的预防性需求。比如，东南亚金融危机的爆发，固然有其经济结构失衡的深层根源，但也与受到国际游资冲击时，各国政府可用于干预的外汇储备相对不足有很大的关系。

3. 盈利性需求

盈利性需求是指利用外汇储备进行国际金融市场投资或风险管理，获得更高收益或降低风险的需求。如果一国持有储备资产的机会成本较低，或者对储备资产的运用能取得较高的收益，那么该国持有更多外汇储备的需求就会较为强烈。不过，一国持有外汇储备的主要目的并不是盈利，通常是在安全性得到充分保障的前提下，才考虑争取较高的收益水平。因此，如果持有外汇储备的成本过大，实际持有的外汇储备将仅限于交易性需求和预防性需求，为盈利性需求持有的外汇储备为零。如果持有外汇储备可以获得较高的收益，货币当局将会持有部分外汇储备以满足盈利性需求。

对于绝大多数国家的货币当局而言，外汇储备的供给是一个不可控制的"外生变量"。如前文所述，外汇储备的供给包括经常账户及资本和金融账户的顺差。理论上讲，资本账户的顺差能在短期内增加外汇储备的供给，但从长期来看，由此形成的外汇储备具有"借入储备"的性质，很不可靠。随着以后资本收益的汇出，会出现外汇资金的流失。这样的利润汇出就不是一国政府所能控制的。另外，对于绝大多数国家而言，由于其货币不是国际储备货币，其外汇储备来源明显受到外部供给条件的影响。经常账户差额受制于国际市场对该国商品与劳务的需求，资本账户差额则取决于外商的直接投资和间接投资。因此，对于绝大多数国家来说，对外汇储备的管理主要体现为需求管理。

第四节　国际储备的管理

国际储备是各国的储备，国际储备的管理自然要从各国的视角出发。它主要涉及两个方面，第一是数量管理，第二是币种管理。数量管理讨论的是一国应保持多少储备才算合理；币种管理讨论的是怎样搭配不同种类的储备货币，才能使风险最小或收益最大。

一、储备需求的数量管理

美国经济学家罗伯特·特里芬（Robert Triffin）在 1960 年出版的《黄金与美元危机》（*Gold and the Dollar Crisis*）一书中，总结了第一次世界大战和第二次世界大战之间及第二次世界大战后的 1950—1957 年间世界上几十个主要国家的储备状况和外汇管制情况，得出了一个结论：一国国际储备的合理数量，应该是该国年进口总额的 20%～50%。对于实施外汇管制的国家来说，因政府能有效地控制进口，故储备可少一点，但最低线在 20%；而对于不实施外汇管制的国家来说，储备应多一点，但一般不应超过 50%。一般而言，大多数国家合理的外汇储备应该占年进口总额的 30%～40%。特里芬的这项研究开创了系统研究国际储备的先例。自此以后，国际储备需求的研究得到了很大发展，综合这些研究可以发现，影响一国最佳储备量的因素主要包括以下几个。

1. 进口规模

进口规模直接而鲜明地表示了主要的用汇需求，进口多，用汇多，也就要求较多的储备。以年进口额为分母，以储备为分子，用该比例来衡量一国的最佳储备量（该方法也叫比例法）。比例法虽然比较简单，但正是由于其简单、易操作，至今仍然是国际储备需求研究中最常用的方法之一。但是，一般认为的 20%～50% 这一比例范围，由于国际资金流动的迅速发展，其适用性明显下降。

2. 进出口贸易或国际收支差额的波动幅度

波动幅度越大，对储备的需求就越大；波动幅度越小，对储备的需求就越少。一般可用经济统计的方法来求得或预测一定时期内的平均波动幅度，以此作为确定储备需求的参考。

3. 汇率制度

如果一国采取的是固定汇率制，政府就不能经常性地改变汇率水平，那么该国就需要持有相对较多的储备，以应付国际收支可能产生的突发性巨额逆差或外汇市场上突然爆发的大规模投机；如果一国采取的是浮动汇率制，那么该国储备的保有量就可相对较低。

4. 国际收支自动调节机制和政府调节政策的效率

一国发生国际收支逆差时，该国的国际收支自动调节机制和政府调节政策的效率，也影响储备需求。比如，前文讲过的收入机制、货币-价格机制、利率机制等都是自动调节机制，我们极端地假定它们完全无效，则国际收支的失衡将不得不全部依靠国际储备或政府的政策来解决。在这种情况下，储备需求自然就高。调节政策调节国际收支差额的效率越高，储备需求就越小；调节政策调节国际收支差额的效率越低，储备需求就越大。

5. 持有储备的机会成本

虽然储备可以存放在外国银行或以其他外汇资产的形式生息。但是，这样的收益与动用储备进口物资或技术所带来的国民经济增长的利益相比往往还是有差异的，其差额就构成持有储备的机会成本。显然，持有储备的相对（机会）成本越高，则储备的保有量就应越低。

6. 金融市场的发育程度

发达的金融市场能提供较多的储备，这些储备对利率、汇率等方面的调节政策的反应比较灵敏。因此，金融市场越发达，政府保有的国际储备便可相应越少；金融市场越落后，国际收支对政府自有储备的依赖就越大。

7. 国际货币合作状况

如果一国政府同外国货币当局和国际货币金融机构有良好的合作关系，签订了较多的互惠信贷和备用信贷协议，或当国际收支发生逆差时，其他货币当局能协同干预外汇市场，则该国政府对自有储备的需求就越少；反之，该国政府对自有储备的需求就越大。

8. 国际资金流动情况

我们正处在国际资金流动高速发展的时代，国际储备对国际收支平衡的维持作用也更多地体现在抵消国际资金流动的冲击上。由于国际资金流动的规模非常大，自然对国际储备的数量需求就有增加的趋势。但是，现实表明，储备的增长很难追上国际游资的增长，这就导致确定国际资金流动条件下的一国储备的"合理数量"成为一个难题。1997年的东南亚金融危机及后来大大小小的金融危机似乎都表明，运用国际储备来维持缺乏弹性的汇率制度，结果难以乐观。尽管国际储备在维持固定汇率方面的效果令人担忧，但在维持经常性对外支付、增强国际社会信心、保证经济正常运转方面依然具有十分重要的作用。

总之，影响一国最佳储备量的因素既有经济方面的，也有政治和社会方面的，最佳储备量的确定需要综合考虑这些因素。

二、储备资产的币种管理

在布雷顿森林体系下，全球的外汇储备基本上都是美元储备。由于各国货币同美元保持固定的比价，当时的储备资产品种管理，主要就是处理美元储备与黄金储备的比例关系。

自 20 世纪 70 年代初起，国际货币制度发生了重大的变化，主要表现在：

第一，单一的固定汇率制度转变为多种汇率制度。

第二，储备货币从单一的美元转变为美元、欧元（欧元之前为马克、法郎等）、日元、英镑等多种货币（人民币的发展势头也很好）并存的局面。

第三，各种储备货币的汇率、利率、通货膨胀率通常处于不断波动之中，这类波动会对储备资产的价值产生重大影响。因此，币种管理的任务就更多地表现为在研究不同货币的汇率、利率、通货膨胀率的基础上，适当调度和搭配储备资产的币种构成，以减少损失，增加收益。

第四，随着国际金融市场的长足发展，各种创新的金融工具层出不穷，跨国金融风险也随着国际债务问题的增加和信用链条的膨胀而大大增加，这也进一步对储备资产的管理提出了更高的要求。

综合以上因素，储备资产的币种管理应遵循以下原则：

（1）国际经贸往来的便利性。便利性管理是指在储备资产的币种搭配上，要考虑对外经贸和债务往来的地区结构及经常使用的清算货币。如果一国在对外经贸往来中大量使用美元作为支付和清算手段，则该国需要经常性地保持较大数量的美元储备。如果一国在对外经贸往来中大量使用日元，则该国必须经常性地保持适当数量的日元储备……在当今世界上，由于外汇市场日益发达、货币兑换的方便性大大提高，便利性在币种选择中的重要性已大为降低。但在实际生活中，一国对外经贸和债务往来的地区结构及其所使用的支付和清算手段，依然是币种搭配和币种选择中要考虑的一个因素。

（2）币值的稳定性。以哪些储备货币来保有储备资产，首先要考虑这些货币价值的稳定性，或称保值性。在这里，主要应考虑不同储备货币之间的汇率及相对通货膨胀率。一种储备货币汇率的上升必然有另外一种或几种储备货币汇率的下降。其次，不同储备货币的通货膨胀率也是不一样的。币种管理的任务就是要根据汇率和通货膨胀率的现实走势与预期走势，经常地转换货币、搭配币种，以达到收益最大或损失最小。

（3）储备资产的盈利性。不同储备资产的收益率不同，用它们的名义利率减去通货膨胀率再根据汇率变化调整后就得到了实际收益率。币种管理的任务不仅仅是研究过去，更重要的是预测将来，观测利率、通货膨胀率、汇率的变化趋势，以决定币种选择。另外，同一币种的不同投资方式，也会导致不同的收益率。有的投资工具，看上去收益率较高，但风险较大；而有的投资工具，看上去收益率较低，但风险较小。盈利性要求适当地搭配币种和投资方式，以求较高的收益率或较低的风险。

复习思考题

1. 什么是自有储备？什么是借入储备？
2. 在自有储备中，为什么发达国家黄金储备多而发展中国家外汇储备多？
3. 一国外汇储备"合理"的意思是什么？

第八章 》国际金融市场

随着国际经济一体化和现代通信技术的发展，国际资金流动的规模逐渐超过了国际贸易额，形成了庞大的国际金融市场。这个市场突破了地理空间的限制，使资金供需双方能够便捷地进行交流，增强了交易的深度和广度，使世界经济得到了前所未有的发展。但与此同时，快速的国际资金流动也通过资本和金融账户直接或间接地对各国的国际收支和国民经济造成巨大的影响，并引发了跨国界的货币金融危机。本章将对国际金融市场进行讨论。

第一节 国际金融市场概述

所谓国际金融市场，是指进行各种国际金融业务的场所或系统。它主要包括货币市场、资本市场、外汇市场、黄金市场及后来得到大发展的金融衍生品市场。而"欧洲货币市场"和"外国债券市场"（后文有专门讨论）是两个具有独特规则的市场，它们镶嵌、融合于传统的国际金融市场。也有人根据欧洲货币市场的离岸特征将其称为"（狭义的）国际金融市场"。

对国际金融市场的分类，原则上是按照交易的期限和品种进行的。从交易的期限角度分，国际金融市场包括短期的货币市场（该市场的资金融通业务期限在1年或1年以下）①，以及长期的资本市场（该市场的资金融通业务期限在1年以上）；从交易的品种角度分，国际金融市场还可加上外汇市场、黄金市场、金融衍生品市场等。

一、国际货币市场

国际货币市场的业务主要包括银行短期信贷、短期证券买卖及票据贴现。而国际货币市场的中介机构主要由商业银行、票据承兑行、贴现行、证券交易商和证券经纪人构成。

---

① 当然，欧洲货币市场也有短期品种、长期品种。因此，这部分内容和"欧洲货币市场"会有交融。

1. 短期信贷市场

短期信贷市场主要是指银行间的市场。该市场提供 1 年或 1 年以内的短期贷款，目的在于解决短期的资金需要和头寸调剂。这个市场贷款的期限最短为 1 天，也提供 3 天、1 周、1 月、3 月、半年等期限的资金，但最长期限不超过 1 年。利率则是以伦敦银行同业拆借利率 LIBOR 为基准。交易额巨大，数额少则相当于几十万英镑，多则达几百万、几千万乃至上亿英镑。由于这是一个银行间市场，所以不需要担保和抵押，完全凭参与者的信誉进行。

2. 短期证券市场

这是国际间进行短期证券交易的市场，期限不超过 1 年。交易对象有国库券（Treasury Bills）、可转让定期存单（Negotiable Certificates of Deposit，CDs）、银行承兑汇票（Bank Acceptance Bills）、商业承兑汇票（Commercial Acceptance Bills）等。

国库券是各国政府为了筹集季节性资金，或者为了进行短期经济和金融调控而由财政部发行的短期债券，期限一般为 3 个月或半年，通常以票面金额打折和拍卖的方式推销。

可转让定期存单是存户在银行的定期存款凭证，可以进行转让和流通。20 世纪 60 年代初，美国开始发行这种存单，定额通常为 100 万美元或 100 万美元以上，最少也有 50 万美元。这在"银行脱媒"时代曾经是一个非常著名的创新。英国也于 20 世纪 60 年代末发行这种存单，金额从 5 万至 50 万英镑不等。存单利率与伦敦银行同业拆借利率大致相同。

商业承兑汇票和银行承兑汇票都是信用支付工具，前者由商号或个人承兑，后者由银行承兑，承兑后可背书转让，到期可持票向付款人取款。由于银行信誉较高，银行承兑汇票比商业承兑汇票的流动性强。

3. 票据贴现市场

所谓贴现，是指将未到期的信用票据打个折扣，按贴现率扣除从贴现日到到期日的利息后，从贴现行（Discount Houses）换取现金的一种方式。贴现市场就是对未到期的票据按贴现方式进行融资的场所。

贴现交易使持票人可以提前取得票据到期时的金额（扣除支付给贴现行的利息），而贴现行则实际上向要求贴现的持票人提供了信贷。贴现业务是货币市场资金融通的一种重要方式。贴现的票据主要有国库券、银行债券、公司债券、银行承兑票据和商业承兑票据，贴现率一般高于银行利率。贴现机构可以用经贴现后的票据向中央银行要求再贴现（Rediscount）。

国际货币市场的主要作用是可在全球范围内调剂资金余缺，沟通资金供给者和资金需求者之间的关系，增强了货币资金的效率。但是，由于该市场汇集的资金量巨大，而且流动性强，所以它也容易对国际金融秩序形成冲击甚至引发金融危机。

二、国际资本市场

资本市场是指1年以上的中长期信贷市场,参与者有银行、公司、证券商及政府机构。资本市场的主要业务有两大类:银行贷款和证券交易。当然,抵押贷款和租赁贷款及其他具有长期融资功能的业务也可以归入资本市场中。但资本市场上最主要的业务还是信贷和证券。下面介绍国际资本市场的几个主要构成市场。

1. 信贷市场

信贷市场是政府机构(包括国际经济组织)和跨国银行向客户提供中长期资金融通的市场。

政府贷款的基本特征是期限长、利率低,往往还有宽限期,但常常会附带一定的条件。政府贷款的期限最长可达30年,利息最低可到零。附加条件一般为限制贷款的使用范围,如规定贷款只能用于购买授贷国的商品,或规定受贷国必须在经济政策或外交政策方面做出某些承诺或调整。因此,政府贷款属于一种约束性贷款。

银行贷款一般是无约束的贷款,贷款利率视市场行情和借款人的信誉而定。对于数额比较巨大的贷款,银行一般会采用联合贷款或辛迪加贷款(Syndicate Loans)的方式以分散风险。所谓联合贷款或辛迪加贷款,是指几家甚至十几家银行共同向某一客户提供贷款,由一家银行做牵头行,若干家银行做管理行,其余银行做参与行。牵头行通常也是管理行,收取牵头费和管理费,并与其他管理行一起承担贷款的管理工作。

2. 证券市场

证券市场主要由债券业务构成(并不像国内证券市场有"股票市场")。债券发行人可以是政府机构、国际组织,也可以是企业、公司或银行。大多数债券的发行都由银行或证券商作为中介,承销债券的发行。债券发行作为一种直接融资方式在20世纪80年代上半期迅速发展。但随着债券融资成本的相对上升,许多公司纷纷进入国际银行业,公司债券融资的重要性有所下降。

这个市场中有一个比较特别的组成部分——"外国债券市场"。"外国债券"是非居民在居民所在地发行的以当地货币标价的债券。本章后面对此有专门的介绍。

3. 国际租赁市场

租赁是指出租人提供不具法律所有权的资产使用权的一种安排。在经济社会中,许多企业不仅出售设备,还从事日常租赁。事实上,银行也大量从事租赁,此时的租赁实际上就成了一种资金融通技术。尤其是当租赁跨越国界时,便成了国际间资金融通的一种方式。它使承租人不必购买需要使用的设备,从而变相为企业提供了资金融通。从另一意义上讲,租赁费用一般是分阶段(如每月一次或每半年一次)支付的,这等于出租人向承租人提供了信贷,承租人以租金的方式分期偿付本息。因此,租赁公司与银行等金融机构往往有密切联系。

国际租赁的特点是,参与者往往具有不同国籍,租赁以金融信贷和商业信贷为媒介。自 20 世纪 70 年代以来，国际租赁业务的发展十分迅速。租赁物小到办公用品，大到大型施工机械、飞机、轮船等，可以说包罗万象。

虽然国际租赁的期限也有长有短，但期限超过一年的居多，为了便于分析，这里就将其归入资本市场。

国际租赁的形式是多种多样的，主要有金融租赁、经营租赁、衡平租赁、维保租赁、回租租赁等。下面进行简要说明。

金融租赁（也称融资租赁、财务租赁）：特点是租期长，中途不可解约，租期届满时承租者具有对有关设备的"处理选择权"。租赁物品往往具有"专用设备"色彩。

经营租赁：租期较短，中途可以解约，租期届满时承租者向出租者归还有关设备。租赁物品则往往具有"通用设备"色彩。

衡平租赁（也称杠杆租赁、减租租赁）：政府向设备租赁双方提供一定的优惠条件，如对出租方提供"加速折旧"、减免税收优惠，对承租方提供信贷便利等。

维保租赁：在租约中，附有出租方对出租物品进行维修、保养的条款。这样的租赁物品多数是汽车、大型设备、飞机等技术复杂程度较高的物品。

回租租赁：为缓解资金困难，租赁合约的承租方先向对方出售自有的设备，然后再向对方租回设备使用。

三、国际外汇市场

国际外汇市场是从事外汇买卖的场所，它的参与者由买卖货币的所有机构和个人组成，主要包括中央银行、商业银行、外汇经纪人、经营外汇的公司等。虽然如此，但它实际上主要还是银行之间的货币买卖市场。伦敦、纽约、苏黎世、法兰克福、东京、香港、新加坡等是世界重要的外汇市场所在地。外汇市场交易包括即期交易、远期交易、期货交易、期权交易等。

2018 年，全球外汇市场上的日均交易额约为 6 万亿美元，这样，年交易额就在 1 800 万亿美元左右。而 2018 年全球贸易额约为 39 万亿美元，外汇年交易额是它的 40 多倍；同期，全球证券市场上的日均交易额约为 3 000 亿美元，外汇日均交易额是它的 20 倍左右。

四、国际黄金市场

黄金市场可以分为实物（现货）黄金市场和黄金期货期权市场两部分。前者买卖金条、金块、金币和金沙，后者买卖期货和对黄金的要求权。两个市场由套利活动紧密联系在一起，期货期权的价格归根结底是由实物黄金市场上供求关系的变化决定的。

（一）实物黄金市场

世界上实物黄金交易主要发生在以下市场。

1. 伦敦黄金市场

伦敦是传统的黄金市场。它以罗斯柴尔德父子公司（Rothschild & Sons）、莫卡塔-戈德史密斯公司（Mocatta & Glodsmith）、塞缪尔·蒙塔古公司（Samuel Montagu）、梅斯·威斯派克公司（Mase Westpec）和夏普·皮克斯利公司（Sharp Pixley）五个金行为核心。

伦敦黄金市场是所有世界黄金交易市场中交易商最多的一个，世界上主要黄金交易商的账户都集中在伦敦，伦敦还有每天两次的金价定盘制度，这使伦敦黄金价格成为世界黄金市场上最有影响力的价格。绝大多数世界黄金市场，除了以当地价格标价外，都还要以伦敦交易价格（Loco-London Price）标价。

2. 瑞士黄金市场

尽管瑞士本身没有黄金供给，但由于它提供了特殊的银行制度和辅助性的黄金交易服务体系，为黄金买卖创造了一个既自由又保密的环境，因此瑞士在世界实物黄金交易中保持了独特的优势。由瑞士三大银行——瑞士信贷银行（Credit Suisse）、瑞士联合银行（Union Bank of Switzerland）和瑞士银行（Swiss Bank Corporation）组成的苏黎世黄金总库（Zurich Gold Pool），在黄金市场上有重要的影响。虽然瑞士的黄金进出口流量是世界最大的，但瑞士的黄金市场交易规模不如伦敦。

3. 香港黄金市场

香港黄金市场在 1910 年开业，从 1974 年 1 月政府撤销黄金进口管制后获得迅速发展，目前是远东主要的黄金分销和结算中心。由于时区的分布，当纽约市场已关闭而伦敦和苏黎世市场还没有开张时，香港是唯一重要的开市的黄金市场。欧洲市场的开盘价就要以香港市场收盘价为基础。

香港黄金市场的名称是香港金银贸易场（Chinese Gold and Silver Society），它是由 195 个固定华人成员组成的交易所。香港即期黄金市场买卖有两类合同：香港交易合同（Loco-HongKong）和伦敦交易合同（Loco-London）。两者都是不标明具体交割日的远期合同，交易者可以在不特定的远期日交割。大部分香港交易合同和伦敦交易合同都没有实际交割，而是通过对冲交易从中赚取差价。香港交易合同的即期价格以港元/司马两为单位（1 司马两等于 37.429 克，合 1.203 37 金衡盎司）。

4. 纽约黄金市场

纽约黄金市场是在 1975 年美国撤销黄金管制后才发展起来的。纽约黄金市场没有正式的组织机构和公开竞价制度，由进行场外交易的交易者组成，买卖没有时间限制。市场上可买卖任意数量的黄金，最常见的交易载体是 400 盎司和 100 盎司（纯度皆为 99.9%）的金条。

5. 新加坡黄金市场

新加坡黄金市场成立于 1969 年，也没有正式的组织机构和公开竞价制度。新加坡黄金市场是伦敦黄金市场和远东其他国家（尤其是印度尼西亚）之间的转口港。

当然，除上述世界主要实物黄金市场外，在欧洲大陆、印度、中东、远东、中南美洲等地也有一些较小的实物黄金市场。

（二）黄金期货期权及其他金融性黄金市场

1. 黄金期货期权市场

该市场从20世纪70年代开始发展。最早的黄金期货交易合同产生于1972年的温尼伯商品交易所（Winnipeg Commodity Exchange）。1974年10月31日，美国撤销黄金管制后，美国的五大商品交易所（2个在纽约、3个在芝加哥）开始买卖黄金期货，其中纽约商品交易所（COMEX）居主导地位。在黄金期货交易中，通常只有不到1%的会进行实际交割。

其他商品交易所是纽约商品交易所的补充，它们的黄金期货期权交易的方式基本差不多。

2. 黄金贷款市场

与其他投资方式相比，投资和持有黄金有两个缺陷，即高额的贮藏和安全费用及持有黄金不能带来利息。因此，许多黄金持有者希望在不转让所有权的前提下更有效地利用他们的黄金。于是，"黄金贷款"从20世纪80年代中期开始发展起来。黄金贷款的贷方可以获得一笔利息（利率通常比普通贷款低），借方可以得到黄金，但需要按预定的期限把实物黄金还给贷方。

3. 黄金互换市场

由于一些黄金的巨额持有者直接进入即期市场会对价格产生很大影响，所以他们就更多地选择了黄金互换的交易方式。黄金互换交易是指黄金持有者把黄金转让给中介商，换取货币，在互换协议期（通常为12—13个月）满时按约定的远期价格购回黄金。黄金互换可以不通过中介商，因此对市场无直接影响，而且可以减少手续费成本。

4. 黄金担保市场

它通常是一种黄金期权交易，尤其是买权交易。它由黄金存货担保，通常跟采金企业发行的股票或债券有关。

黄金交易工具的创新还有黄金杠杆合同（Gold Leverage Contracts）、黄金券（Gold Certificates）、黄金存单（Depository Orders）等。

据世界黄金协会的估算（2018年数据），全球黄金共有16万吨，各国的官方黄金储备有3.4万吨。有学者基于对我国各年黄金产量和黄金进口量的估算（中国禁止黄金出口），认为我国国内黄金有2万吨左右。

（三）中央银行的黄金操作

中央银行的黄金操作方法通常有黄金存款、黄金贷款、黄金拆借、黄金掉期、黄金抵押贷款、黄金互换、黄金期权交易等。其中，黄金互换和黄金抵押贷款是各主要大国使用得比较多的操作方法，它们的出现加强了黄金的流动性，也是中央银行以黄金储备获取流动性资产的方法，但黄金贷款的利率比普通贷款低。黄金互换技术使中央银行可以在短期内获得外汇，不必出售大量黄金，因此不会压低黄金价格。俄罗斯在黄金的上述应用方面表现积极。俄罗斯的产业结构和在国际关系里的位置，使它非常关注黄金互换和黄金担保，也正因为如此，从2000年到2018年，俄罗斯的黄金储备增加了500%，明显表现出俄罗斯对黄金和黄金运用的重视。

第二节 欧洲货币市场

欧洲货币市场（European Currency Market），即在某种货币发行国境外从事该种货币借贷的市场。所以欧洲货币也可称为"境外货币"。该市场上的资金流动与各国国内金融市场相独立，交易的货币一般不是由市场所在国发行的（如发生在伦敦的美元信贷业务），且基本上不受任何国家国内政策法令的约束，在利率和业务上具有自己的特点。该市场是国际金融市场的核心。从交易参与者的身份来看，欧洲货币市场上存在两种类型的交易：在岸交易和离岸交易。所谓在岸交易，是指交易者中有一方是市场所在国的居民，如英国银行与法国公司在伦敦进行的美元业务；而离岸交易则是指交易双方都是市场所在国的非居民，如日本银行与德国公司在新加坡进行的美元业务。

一、欧洲货币市场发展的外部原因

欧洲货币市场的前身是产生于20世纪50年代的欧洲美元市场。当时，苏联和东欧国家担心它们在美国的美元资金会被冻结，因此将这部分资金转存到英国的银行。而当时英国政府正需要大量资金以恢复英镑的地位、支持国内经济的发展，所以准许伦敦的各大商业银行接受境外美元存款和办理美元借贷业务。于是，欧洲美元市场便出现了。

随后，美国的国际收支于1958年开始出现赤字，并且规模越来越大，美元资金大量流出国外，为欧洲美元市场提供了大量的资金。为了防止国际收支的进一步恶化，美国采取了限制资本流出的措施，迫使美国境外的美元借贷业务转移到欧洲美元市场上来，美国银行也相应在欧洲开设了许多分支机构，这些都刺激了欧洲美元市场的发展。

20世纪70年代以后，世界石油数次大幅提价，这使石油输出国手中积累了大量的所谓"石油美元"，这些美元很大一部分被投入欧洲美元市场，使该市场上的资金供给非常充裕。与此同时，发展中国家中的非产油国的国际收支纷纷出现赤字，它们寻求在欧洲美元市场借入资金以弥补赤字，这又使该市场上的资金需求增加。

二、欧洲货币市场发展的内在优势

美元为什么能在欧洲取得如此显著的发展呢？除了上面提到的原因外，人们还很容易注意到，欧洲美元市场上存款利率与贷款利率之间的利差比美国市场上小。这使存款者可以获得较高的利息，而借款者可以支付较低的利息，从而对存、贷双方都更有吸引力。这一利差比较如图 8-1 所示。

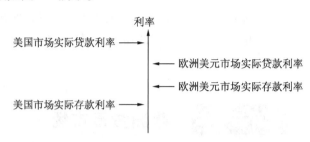

图 8-1 欧洲美元市场和美国市场的利差比较示意图

造成欧洲美元市场利率优势的原因是多方面的，可以总结为以下几点：

首先，在国内金融市场上，商业银行受到存款准备金、利率上限等限制，这增加了其营运成本，而在欧洲美元市场上则无此约束，商业银行可以自主地提供更具竞争力的利率。

其次，欧洲美元市场在很大程度上是一个银行同业市场，参与交易的客户通常都是大金融机构、贸易公司或政府机构，信誉很高，贷款的风险相对较低，交易数额很大，手续费及其他各项服务性费用成本较低。

再次，欧洲美元市场上的竞争格外激烈，这降低了交易成本。例如，在伦敦设立的外国银行分支机构有数百家之多，如此众多的机构要在同一地点从事国际金融业务，势必造成竞争的加剧，从而带来费用的下降。

最后，与国内金融市场相比，欧洲美元市场上管制少，创新活动发展更快、应用更广，这也对降低市场参与者的交易成本有明显效果。

从 20 世纪 60 年代开始，在欧洲美元市场上交易的货币不再局限于美元，而是扩大到西德马克、瑞士法郎等币种。同时，这一市场的地理范围也扩大了，亚洲的新加坡、中国香港等地纷纷出现了对美元、马克、日元等货币进行借贷的市场。这样，原有的"欧洲美元市场"便演变为"欧洲货币市场"。在这里，"欧洲"不再是一个表示地理位置的概念，而是意味着"境外"。所谓"欧洲货币"，就是指在货币发行国境外流通的货币——"境外货币"，如欧洲美元和当时的欧洲（西德境外）马克等。而经营欧洲货币业务的银行及市场，就可称为"欧洲银行"及"欧洲货币市场"[①]。进入 20 世纪 80 年代，欧洲货币市场的含义又发生了变化。1981 年，美国联邦储备银行批准在纽约设立国际银行业务设施（International Banking Facility，IBF），接受非居民的美元或外币的存款，并可以免除国内准备金的规定及利率的限制，亦可对非居民提供信贷。显然，IBF 虽然在美国"境内"，但具有可以经营非居民业务、不受货币发行国的国内法令管制等特征，不管怎样，"境外货币"的标准被突破了，IBF 属于广义的"欧洲货币市场"。

---

① 由此可见，欧洲货币市场既有以境外货币为媒介的期限在 1 年以内的交易，又有期限在 1 年以上的交易，两者分别属于货币市场和资本市场的范畴。

三、欧洲货币市场的类型和特点

欧洲货币市场按其境内业务与境外业务的关系可分为以下三种类型：

第一种是一体型，也叫混合型，即本国居民参加交易的在岸业务与非居民间进行的离岸交易之间没有严格的分界，境内资金与境外资金可以随时互相转换，伦敦和香港即属于此类型。

第二种是分离型，即在岸业务与离岸业务分开。分离型的市场有助于隔绝国际金融市场的资金流动对本国货币存量和宏观经济的影响。美国纽约离岸金融市场上设立的国际银行设施、日本东京离岸金融市场上设立的海外特别账户及新加坡离岸金融市场上设立的亚洲货币账户，均属于此类型。

第三种是走账型或簿记型，这类市场没有或几乎没有实际的离岸业务交易，只是起着其他金融市场资金交易的记账和划账作用，目的是逃避税收和管制。中美洲和中东的一些离岸金融中心即属于此类型。

欧洲货币市场是完全国际化的市场。由于它经营的是境外货币，因此具有许多独特的经营特点。

第一，市场范围广阔，不受地理限制，是由现代通信网络联系而成的全球性市场，但也存在着一些地理中心。这些地理中心一般由传统的金融中心城市发展而来，如伦敦、纽约、东京等，它们所在的国家经济发达，有充足的资金来源，历史上一直是资金的主要交易场所。这些金融中心具有稳定的经济、政治环境，有良好的通信和金融基础设施，有熟练的金融业经营人才，有官方给予的自由经营条件和优惠措施。20世纪60年代以来，一些城市利用降低税收、减少管制等一系列优惠措施吸引国际资金在此交易和中转，从而成为跨国公司、跨国银行的良好避税地，形成了新的欧洲货币中心（也是新兴的国际金融中心），如巴哈马、巴林、新加坡、中国香港等。

第二，交易规模巨大，交易币种繁多，银团贷款活跃。绝大多数欧洲货币市场上的单笔交易金额都超过100万美元，几亿美元的交易也很普遍。交易的币种包括美元、欧元、日元、瑞士法郎、英镑、加拿大元等，以发展中国家货币为交易币种的也不少见，甚至还出现了特别提款权交易，这些交易使欧洲货币市场与外汇市场的联系非常紧密。交易业务则主要有同业拆放、欧洲银行贷款①与欧洲债券。其贷款形式主要是辛迪加贷款，也称银团贷款（Consortium Loan）。所谓辛迪加贷款，是指多家银行组成银团按共同的条件向借款人提供信贷，具有贷款数额大、期限长、可以分散风险的特点。

第三，具有独特的债券种类。这里的独特的债券种类是指"欧洲债券"。所谓欧洲债券（Eurobond），是指一国政府或企业在另一国的债券市场上，以两国境外货币为面值所发行的债券。例如，英国机构在美国纽约债券市场上发行的以日元为面值的债券就

---

① 欧洲银行贷款包括短、中、长期的固定利率贷款和浮动利率贷款。

是欧洲债券；中国机构在日本东京债券市场上发行的美元债券也是欧洲债券。不难看出，欧洲债券的发行机构为一方，发行地（市场）为一方，债券面额的标示货币为一方，三方分属于不同国家。由于发行欧洲债券是以境外货币为面值进行的，因此较少受到发行地金融当局的管制。大多数欧洲债券的发行都采用不记名的形式，并且通常有提前赎回的专门条款与偿债基金。欧洲债券发行也常通过辛迪加银团承购包销，当然此时的辛迪加成员除银行外，还包括证券公司等机构。

第四，独特的利率结构。欧洲货币市场利率体系的基础是伦敦银行同业拆借利率，后者同各国利率有一定的联系，同时还受到欧洲货币市场上供求关系的影响。

第五，该市场日益引起监管关注。由于欧洲货币市场一般从事的是非居民的境外货币借贷业务，它所受的管制较少。目前，该市场的飞速发展已对世界经济产生巨大的影响，可是长期不受任何国家国内法律的管制，也不存在专门对此管理的国际法律，自然使该市场上的风险日益加剧，也日益引起国际社会的关注。事实上，国际上屡屡爆发的金融、货币危机，就与在较少监管的国际金融市场上大量的国际资金流动有密切关系，这当然也引起了各国政府的关注。在本章"知识拓展"中向大家展示了各国对国际市场进行力所能及的监管的努力。

国际间对以欧洲货币市场为核心的国际金融市场的监管，主要采取了"主体监管"的方法，也就是以主体商业银行为具体监管目标。1974年年底，在国际清算银行的主持下，成立了监督银行国际活动的协调机构——巴塞尔银行监管委员会，就银行的国际业务制定了一系列规则，并于1988年通过了具有极为重要意义的《巴塞尔协议》。该协议中最主要的内容就是明确规定了经营国际业务的银行的资本与风险资产的比率至少应达到8%，其中核心资本与风险资产之比至少为4%。《巴塞尔协议》的发布标志着各国对欧洲货币市场的协调监管迈出了重要一步，而且该协议还在实践中不断改进完善①。

第三节　外国债券市场

这里将其单列，是因为它既不符合欧洲货币市场的"第三国货币"的特点，也不符合纽约"国际银行设施"的与国内市场分割的特点，同时还有区别于传统市场的特别之处。

所谓"外国债券"，是指一国政府、公司、银行或其他金融机构及国际组织在另一国的金融市场上以该国货币为面值所发行的债券。这种债券的发行人属于一个国家，而债券标值货币和债券发行地点则同属于另一个国家。

由于使用了市场所在地的货币，一国的机构在外国债券市场上发行外国债券必须经

---

① 关于《巴塞尔协议》的更多内容请参见本章"知识拓展"。

发行地的金融当局批准，并遵守该国的法律和规章制度。国际上主要的外国债券大多有个性鲜明的别称，如在美国发行的外国债券被称为"扬基债券"（Yankee Bonds），在日本发行的外国债券被称为"武士债券"（Samurai Bonds），在英国发行的外国债券被称为"猛犬债券"（Bulldog Bonds），在中国发行的外国债券被称为"熊猫债券"（Panda Bonds），等等。

在外国债券基础上可以衍生出外国金融市场（Foreign Financial Market）的概念。这个外国金融市场实际上是国内金融市场的对外延伸，是资金在一国国内金融市场上发生跨国流动的部分。在该市场上，资金流动仍然利用一国的国内市场进行，而且非居民也是使用市场所在国发行的货币进行交易，并受到该国金融市场上的惯例与政策法令的约束，如外国居民在本国金融市场上的筹资活动。

国际金融市场还有一个极为重要的组成部分——金融衍生品市场。我们对这个市场的讨论，将放到下一章"国际金融市场创新"中进行。因为金融衍生品是在20世纪80年代才兴起的，其形成"市场"的时间就更晚了，所以金融衍生品市场被称为国际金融市场的创新当之无愧。

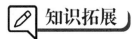
知识拓展

《巴塞尔协议》

一、《巴塞尔协议》的产生

《巴塞尔协议》产生的背景是1973—1974年的银行破产风波，破产者包括著名的联邦德国的赫斯塔特银行、美国的富兰克林国民银行、圣地亚哥银行等，此外还有许多银行严重亏损。银行的倒闭和亏损使监管机构开始全面审视对拥有广泛国际业务的银行的监管问题。1974年，在十国集团中央银行行长的倡议下建立了"巴塞尔银行监管委员会"，其成员包括十国集团中央银行和银行监管部门的代表。

自成立以来，巴塞尔银行监管委员会制定了一系列重要的银行监管规定，逐步得到世界各国金融监管机构的普遍赞同，并已构成国际社会普遍认可的银行监管国际标准。至此，虽然巴塞尔银行监管委员会不是严格意义上的国际性银行监管组织，但它事实上已成为银行监管国际标准的制定者。

1975年9月，巴塞尔银行监管委员会出台了第一个《巴塞尔协议》，这个协议极为简单，核心内容就是针对国际性银行监管主体缺位的现实，突出强调了两点：

（1）任何银行的国外机构都不能逃避监管。

（2）母国和东道国应共同承担的职责。

1983年5月，巴塞尔银行监管委员会推出了修改后的《巴塞尔协议》。这个协议基本上是前一个协议的具体化和明细化。1988年，巴塞尔银行监管委员会又推出了进一步完善的版本。比如，明确了母国和东道国的监管责任与监督权力，分行、子行和合资银行的清偿能力、流动性、外汇活动及其头寸各由哪方负责等，由此体现"监督必须充分"的监管原则。这些文件因此也就没有实质性差异。总体思想包括：

（1）明确了核心资本和附属资本的组成。第一级是核心资本，要求银行资本中至少有50%由实收资本及从税后利润保留中提取的公开储备组成。第二级是附属资本，其最高额可等于核心资本额。附属资本由未公开的储备、重估储备、普通准备金（普通呆账准备金）、带有债务性质的资本工具、长期次级债务和资本扣除部分组成。

（2）风险加权制。《巴塞尔协议》确定了风险加权制，即根据不同资产的风险程度确定相应的风险权重，计算加权风险资产总额：一是确定资产负债表内的资产风险权数，将不同资产的风险权数确定为五个档次，分别为0、10%、20%、50%、100%。二是确定表外项目的风险权数。确定了10%、20%、50%、100%四个档次的信用转换系数，以此再与资产负债表内与该项业务对应项目的风险权数相乘，作为表外项目的风险权数。

（3）确定了目标比率。总资本与加权风险资产之比为8%（其中核心资本部分至少为4%）。银行资本充足率＝总资本/加权风险资产。

（4）过渡期和实施安排。过渡期从协议发布起至1992年年底，所有从事大额跨境业务的银行，其资本金要达到8%的要求。

总体而言，这一阶段的《巴塞尔协议》具有三大贡献：

一是确立了全球统一的银行风险管理标准。

二是突出强调了资本充足率标准的意义。通过强调资本充足率，促使全球银行经营从注重规模转向资本、资产质量等因素。

三是受20世纪70年代发展中国家债务危机的影响，强调国家风险对银行信用风险的重要作用，明确规定不同国家的授信风险权重比例存在差异。

二、《巴塞尔协议》的完善

（一）《巴塞尔协议Ⅱ》

2004年，巴塞尔银行监管委员会根据前一阶段的实践和不断出现的新问题，推出了新的文件，后被称为《巴塞尔协议Ⅱ》。

《巴塞尔协议Ⅱ》确立了三大支柱：一是最低资本要求；二是监管当局的监督检查；三是信息披露。

1. 第一大支柱：最低资本要求

最低资本充足率要求仍然是重点。该部分涉及与信用风险、市场风险及操作风险有关的最低总资本要求的计算问题。最低资本要求由三个基本要素构成：受规章限制的资本的定义、风险加权资产及资本对风险加权资产的最小比率。其中，有关资本的定义和8%的最低资本比率没有发生变化。但对于风险加权资产的计算问题，《巴塞尔协议Ⅱ》

在原来只考虑信用风险的基础上，进一步考虑了市场风险和操作风险。总的风险加权资产等于由信用风险计算出来的风险加权资产再加上根据市场风险和操作风险计算出来的风险加权资产。

2. 第二大支柱：监管当局的监督检查

监管当局的监督检查是为了确保各银行建立起合理有效的内部评估程序，用于判断其面临的风险状况，并以此为基础对其资本是否充足做出评估。监管当局要对银行的风险管理和化解状况、不同风险间相互关系的处理情况、所处市场的性质、收益的有效性和可靠性等因素进行监督检查，以全面判断该银行的资本是否充足。在实施监管的过程中，应当遵循以下四项原则：

其一，银行应当具备与其风险相适应的评估总量资本的一整套程序，以及维持资本水平的总体方案。

其二，监管当局应当检查和评价银行内部资本充足率的评估情况及其战略，以及银行监测和确保满足对资本比率监管的能力。若对最终结果不满意，监管当局应采取适当的监管补救措施。

其三，监管当局应希望银行的资本高于最低资本监管标准比率，并应有能力要求银行持有高于最低标准的资本。

其四，监管当局应争取及早干预，从而避免银行的资本低于抵御风险所需的最低水平。如果资本得不到保护或恢复，则需迅速采取补救措施。

3. 第三大支柱：信息披露

市场约束的有效性，直接取决于信息披露制度的健全程度。只有建立健全的银行业信息披露制度，各市场参与者才可能估计银行的风险管理状况和清偿能力。《巴塞尔协议Ⅱ》指出，市场纪律具有强化资本监管、提高金融体系安全性和稳定性的潜在作用，并在应用范围、资本构成、风险披露的评估和管理过程、资本充足率四个方面提出了定性和定量的信息披露要求：

对于一般银行，要求它们每半年进行一次信息披露；

对于那些在金融市场上活跃的大型银行，要求它们每季度进行一次信息披露；

对于市场风险，在每次重大事件发生之后都要进行相关的信息披露。

《巴塞尔协议Ⅱ》建立了一套国际通用的、以加权方式衡量表内与表外风险的资本充足率标准，极大地影响了国际银行监管与风险管理工作的进程。巴塞尔银行监管委员会推出的资本与风险紧密联系的原则，已成为具有广泛影响力的国际监管原则之一。正是在这一原则的指导下，《巴塞尔协议Ⅱ》将风险扩大到信用风险、市场风险、操作风险和利率风险，并提出用"三个支柱"来进一步提高金融体系的安全性和稳健性。

(二)《巴塞尔协议Ⅲ》

巴塞尔银行监管委员会于2017年12月发布了《巴塞尔协议Ⅲ：后危机改革最终方案》（以下简称《巴塞尔协议Ⅲ》），标志着自2008年金融危机爆发以来，历时近十年的国际银行监管框架改革最终告一段落。《巴塞尔协议Ⅲ》原定于2022年1月1日起逐步实施。①

《巴塞尔协议Ⅲ》针对金融危机后《巴塞尔协议Ⅱ》暴露的计量方法过于复杂、计量结果不可比、模型方法容易低估风险等诸多问题,对风险加权资产计量监管框架进行了全面修正,力图实现计量方案的风险敏感性、简单性和可比性。简而言之,《巴塞尔协议Ⅲ》对各种风险的管理、资本计量和信息披露均提出了更高的要求。

该协议规定,全球各商业银行5年内必须将一级资本充足率的下限从现行要求的4%上调至6%,过渡期安排为2013年升至4.5%,2014年升至5.5%,2015年达到6%。同时,该协议将普通股最低要求从2%提升至4.5%,过渡期安排为2013年升至3.5%,2014年升至4%,2015年达到4.5%。截至2019年1月1日,全球各商业银行必须将资本留存缓冲提高到2.5%。另外,该协议维持目前资本充足率8%的要求不变,但是要求在2019年以前,将资本充足率加资本缓冲率从目前的8%提升至10.5%,同期还要将最低普通股比例加资本留存缓冲比例由目前的3.5%提升至7%。

此次协议对一级资本提出了新的限制性定义,只包括普通股和永久优先股。该协议还要求各家银行最迟在2017年年底完全接受最新的一级资本的定义。

与前两个版本相比,《巴塞尔协议Ⅲ》的主要变化是提高了对资本充足率的要求,引入了流动性监管概念,并加大了对系统性风险的重视程度。《巴塞尔协议Ⅲ》是对《巴塞尔协议Ⅱ》的完善而非替代,更多地体现为同一层次的补充提高:以资本质量监管补充资本数量监管;以流动性监管补充资本监管;以宏观审慎监管补充微观审慎监管;以杠杆率补充资本充足率监管;等等。下面对该协议进行更具有技术细节的总结。

1. 对资本的要求更加严格,对资本数量与质量的关注并重

对银行资本范围的定义更加严格,资本工具仅分为一级资本和二级资本。重新调整了不同类型资产的风险权重评估方式:一是调整交易对手信用风险权重。在与大型金融机构或与对冲基金、主权财富基金等传统监管领域之外的金融机构进行交易时,要增加风险权重。二是降低对外部评级的依赖,增加资产证券化产品的风险权重。三是加大对表外风险的重视,将表外风险视同表内风险管理。对资本充足率的要求大幅提高:一是大幅提升对银行业一级核心资本充足率的要求。不仅商业银行的一级资本充足率下限从4%上调至6%、普通股对银行风险资产的占比从2%提高至4.5%,而且引入了2.5%的留存超额缓冲,一旦银行的资本留存缓冲比率达不到该要求,监管机构将限制银行拍卖、回购股份、分发红利等行为。三是增加了要求银行保有0~2.5%的逆周期监管资本。

2. 提高流动性监管要求,增强银行流动性管理能力

在2008年金融危机爆发之前,全球并不存在一个统一协调的银行业流动性监管标

---

① 但是,在2020年3月,巴塞尔银行监管委员会宣布,由于疫情的影响,《巴塞尔协议Ⅲ》标准的执行时间推迟一年至2023年1月1日。

准。《巴塞尔协议Ⅲ》明确提出了两大流动性监管指标和四个方面的流动性监测工具，其中，两大流动性监管指标是未来具有强制约束力的核心。

（1）两大流动性监管指标。

一是流动性覆盖比率①不低于100%，目的在于增加银行短期流动性，以使银行能应对突发的流动性中断情况，提高银行抵御短期流动性风险的能力，确保银行有充足的高质量流动资产来渡过持续一个月的高压困境。

二是净稳定融资比率②应大于100%，旨在反映银行资产与负债的匹配程度，鼓励银行通过结构调整来减少短期融资的期限错配、增加长期稳定资金来源，提高银行在更长期内抵御流动性风险的能力。

（2）四个方面的流动性监测工具。

这四个工具监测的目标分别是合同期限错配③、融资集中度④、可用的无变现障碍资产⑤和与市场有关的监测工具。

3. 新增杠杆比率指标，加强银行表内外资产监管，注重系统性风险

为防止银行利用表外公司、风险加权等方法来隐藏资产负债表的真实规模，《巴塞尔协议Ⅲ》引入与风险不挂钩的杠杆比率。它要求银行持有的一级资本占非权重资产的比率达到3%。

另外，以往的监管着眼于对银行个体的监管，忽略了银行经营活动中产生的风险在同业中传导而导致的系统性风险，特别是在金融危机中，这种风险又因银行业从事过度的表外衍生业务及资产证券化而被放大。《巴塞尔协议Ⅲ》则要求被各国监管机构定义为"系统性重要的银行"（Systematic Important Bank，SIB），还要持有专门用于防范系统性风险的附加资本。

复习思考题

1. 什么是国际金融市场？它是怎样构成的？
2. 欧洲货币市场的发展和特点是怎样的？
3. 什么是外国金融市场？
4. 在岸金融市场和离岸金融市场的含义是什么？
5. 欧洲债券和外国债券的区别在哪里？

---

① 优质流动性资产/未来30天的资金净流出量。
② 可用的稳定资金/业务所需的稳定资金。
③ 合同中约定的资金流入期限与资金流出期限的差距。
④ 单一集团客户融资交易额/该银行融资交易总额。
⑤ 银行可用于在二级市场进行抵押和（或）被中央银行接受作为贷款担保品的无变现障碍的资产。

第九章 国际金融市场创新

所谓国际金融市场创新，是指各种金融产品和工具的创新及与之相应的各国金融管理制度和技术支持手段的变化发展。在前一章中，已经明确了金融衍生品市场是国际金融市场的组成部分，但尚未展开讨论。本章自然可看作前一章的延续，只是因为涉及的内容较多，所以单列一章进行详细阐述。

第一节 催生金融创新的因素

一、风险需要新的规避和管理工具

在以美元与黄金比价固定为基础的布雷顿森林体系下，各国货币与美元保持固定汇率，这意味着没有汇率风险；而根据利率平价，在汇率不变的情况下，各国利率也只能不变（或者说与美元利率保持不变），这也意味着几乎没有利率风险。在20世纪70年代布雷顿森林体系崩溃后，汇率风险出现了，利率风险也出现了。风险的出现，必然催生应对风险的创新举措。而正如后面所分析的那样，各种创新金融工具大多以风险管理为主要目的。

二、金融自由化放开了创新的手脚

20世纪80年代，世界上出现了以放松金融管制为特征的金融自由化浪潮，在这种环境下，许多以前不能存在的事物也就成为可能。这个浪潮包括以下几个方面的内容：

第一是利率自由化，这是布雷顿森林体系崩溃后的必然结果。

在20世纪80年代，世界上许多主要国家相继取消了对存款利率的管制。美国1980年的《银行法》废除了Q条例，规定从1980年3月起，分6年逐步取消对定期存款和储蓄存款的最高利率限制；日本自1978年6月起，对已执行30多年的、对存款利率实行最高限额的《临时利率调整法》进行修订，对不同档次的存款实行指导性利率，逐步取消对银行间资金市场的利率控制；而联邦德国则于1976年4月结束了利率管制，全面实行利率自由化。

第二是金融机构业务自由化。

在20世纪80年代以前，美、英、德等西方主要工业国家基本上都实行金融分业制度，即商业银行以存、贷款为特征性业务，投资银行以证券业务为特征性业务；商业银行与投资银行、银行与非银行金融机构之间实行严格的业务分工。20世纪70年代以后，随着生产国际化、资本国际化及金融市场结构的变化，各国都开始酝酿实行金融机构的业务交叉。到20世纪80年代，许多国家都已采取措施推进金融机构的业务交叉。

第三是金融市场自由化。

可以说在整个20世纪70年代，由于金融管制的原因，各主要西方国家的境内外金融市场基本上处于分离状态，美、德、法等国都对国内和境外市场做出不同限制。这种限制和分离阻碍了资本的自由流动。20世纪80年代以后，市场国际化的迅猛发展使各国纷纷放松对金融市场的管制、对外开放金融市场。如1981年12月美国允许欧洲货币在美国境内通过IBF（就是一种金融设施创新）进行交易。1984年11月，美国又允许联邦德国存款保险公司管辖的多家州立银行在美国开展证券业务。另外，1988年联邦德国也放松了对本国居民与外国居民的各种外汇限制，允许外国人在境内投资或购买不动产而不必履行审批手续，外汇进出自由。日本也通过类似措施放松了外汇管制。随着资本管制的放松，跨国资本流动数量增加，这使市场对新金融工具与融资技术的需求更加强烈。另外，《巴塞尔协议》对资本充足率的要求，也使越来越多的银行通过开发表外业务来寻求利润。英、美等国对资本流动及利率的管制是欧洲货币市场形成的重要原因，而欧洲货币市场本身就被称为最成功的国际金融创新。从这样的因果关系来看，管制和放松管制都可以成为国际金融创新的重要诱因。

在国际金融创新中，最核心的是国际金融市场上金融工具的创新。由于这种创新是在市场原有金融工具的基础上创造出来的，因此它们又被称为金融衍生工具（Financial Derivatives）或派生工具。金融衍生工具在现代国际金融市场上具有非常重要的地位，下面对此进行若干介绍。

第二节 金融创新的现实逻辑

一、金融工具创新

只要经济活动有需要，就会产生创新。到了20世纪80年代，由于前面已经谈到的原因，金融创新的进程显著加快，到20世纪80年代中期，全球的金融工具创新已呈现日新月异、高速发展的状态。金融创新对整个国际金融市场产生了重大而深远的影响。

下面按金融工具创新的时间排列，做一个不完全的列举。

20世纪70年代的金融工具创新主要有浮动利率票据、外汇期货、可转让支付命令票据、外汇远期、利率期货等。

20世纪80年代的金融工具创新主要有货币互换、双重货币债券、利率互换、票据发行便利、期权、股票指数期货、动产抵押债券、远期利率协议、欧洲美元期货期权、汽车贷款证券化、可变期限债券、参与抵押债券等。

20世纪90年代以后基于上述工具的各种组合创新就更加复杂，如期权期货、掉期期权、两面取消期权、走廊式期权、抵押债券互换等。金融工具创新越来越具有打破各国金融市场界限的国际化特点。

二、金融创新的过程

现实中经济活动的需要，是金融创新发展的动力。创新的发展通常有一个从简单到复杂、从不规范到规范的过程。下面以生产厂商的实际经营需要为例，对金融工具创新的过程进行生动的说明。

1. 远期合约

玉米是生产酒精的原料。现在假设有一个玉米生产者和一个酒精生产者。酒精生产者在年初就需要根据订单（订货合同）来组织和安排今年的生产，就需要与酒精订购者协商交易价格。如果当时酒精的价格是2元/千克，而当时的原料（玉米）成本为1元/千克，那么该酒精生产者可以获得正常利润，就可以和订购者签订交易价格为2元/千克的合同。可是，酒精订购者常常要三四个月后才拿货，而玉米价格在未来却是难以确定的，如果两个月后的玉米价格上升到1.4元/千克，那么酒精生产者按照前述合同价格向酒精订购者供货就会形成亏损。毫无疑问，酒精生产者会为要不要签订这样的交易合同而苦恼。

这样的苦恼同样会发生在玉米生产者身上。只不过，玉米生产者的担心是相反的：在现在玉米市价1元/千克的情况下，玉米生产者投入人工、化肥、农药进行玉米种植是可以盈利的；但如果投入了上述前期成本后，几个月后玉米收获时价格出现下跌，那么这个玉米生产过程就会亏损。

解决这个问题的办法，就是玉米生产者和玉米消费者（也就是酒精生产者）在现在就签订几个月后才实际买卖的交易合同，合同价格就是双方都认可的1元/千克（左右）。这样，双方都不会为未来玉米价格的波动而担忧，就都可以从现在起放心地安排和组织生产。

这种在现在商定品种、价格和数量，约定在未来某时付款和交货的交易就是远期交易；确定这项交易的合同就称为远期合约。

从上述分析过程可以看出，远期交易是在现货交易的基础上衍生出来的，因此远期合约是一种"衍生工具"。显然，远期合约具有规避未来价格波动风险的作用。

2. 期货

下面我们要继续上述玉米生产者和酒精生产者的故事。我们进一步假定在二者签订的交易合同中，玉米的数量为 5 万吨。

现在假定酒精生产者获得（或自己发明）了一项技术，可以用现有设备生产另一种新产品，生产这种新产品的利润要远高于生产酒精，只是这种产品不以玉米为原料，而是以其他东西为原料。那么，合理的选择就应该是放弃生产酒精，而转产该种新产品。可是，这种生产转换却面临着一个必须克服的障碍，那就是已经用远期合约订购了 5 万吨玉米，到期时必须付款买进这些玉米，而这些玉米在新产品的生产过程中是完全无用的。

理想的办法是将这个玉米交易合同转让给另一家需要玉米的企业。可是，由于这个远期合约是特定的买者甲和卖者乙双方讨价还价形成的，这就会导致转让合同过程中出现以下问题：

（1）甲、乙之间的约定价格，是不是能够被第三者丙接受。

（2）甲、乙之间的买卖数量是 5 万吨，即使丙可以接受前两者商定的价格，可是丙也许只需要 2 万吨而不是 5 万吨，这就会使对丙的合同转让难以完成。

（3）甲、乙的交易已经确定了交货（付款）的时间，比如说是 6 月 30 日，那么即使丙愿意以 1 元/千克的价格买入 5 万吨玉米，可是如果丙是在 7 月 30 日才需要这 5 万吨玉米（不管是因为运输工具、仓储场地还是别的什么原因），那么对丙的合同转让也难以完成。

综上所述，可以得出以下结论：

因为远期合约是特定的双方商定而成的，所以远期合约中的价格、数量和交割时间当然被缔约的双方认可，可是当需要转让合约时，要在上述三个方面都获得第三方的认可常常是困难的。这一现实就呼唤着更有效的交易方式或交易工具的出现。新的工具必须尽量减少转让过程中的各种困难。

期货合约正是在这样的现实需求下产生的，它在很大程度上克服了转让过程中交易数量和交割时间（地点）难以"匹配"的困难。

期货合约实际上是将远期合约标准化，每一份合约的交易量都是一个标准，比如该标准可以是 1 000 吨玉米，那么 1 万吨玉米的交易可用 10 张期货合约来完成，5 万吨玉米的交易可用 50 张期货合约来完成。这样，5 万吨玉米就可以被一个需要 3 万吨玉米（30 张期货合约）的买主买走，再被一个需要 2 万吨玉米（20 张期货合约）的买主买走。

期货合约的另一个特点是交割时间和地点的标准化。期货合约规定了交割的时间间隔，如规定在 1 月、3 月、6 月、9 月、12 月的某天进行交割。这样就使交割时间具有多种选择性，而且在时间滚动中的交易使事实上的交割选择更加丰富，比如在 2 月份时如果某公司需要一个月后交割的期货，那么它就可以在市场上买入 3 月份到期的期货；

如果它需要 4 个月后到期的期货，那么它就可以买入 6 月份到期的期货；如此等等。

对于玉米期货这样的商品期货来说，在期货合约里还规定了固定不变的交货地点。每个期货交易的参与者均预先就知道交付的地点。

期货合约实现了大笔货物转让时的可分性和到期时间的多样选择性，使期货交易双方只就交易价格进行协商即可，从而在很大程度上克服了远期合约难以转让的问题，为实际生产经营厂商进行有效的经营决策和灵活的生产转型打下了基础。有了期货合约，我们的酒精生产者就能够卖掉远期的玉米，然后转产新产品了。

远期合约因难以转让而难以形成二级市场（转让市场），期货则有发达的二级市场。当然，期货也是从现货交易衍生出来的衍生工具。

除了交易、保障细则的规定外，远期合约和期货合约没有本质的差别，因此也把它们统称为"远期类合约"。

3. 期权

酒精生产者和玉米生产者的故事还没有结束。

假定酒精生产者得知，如果能够获得进口许可而进口一套设备，就能生产一种利润更高的商品，但递交设备进口申请后，须经有关当局核实、审查，到最后批准进口许可，假定这个过程需要 2 个月。那么该生产者就要面临这样一种困惑：

届时，申请可能被批准，也可能不被批准。如果被批准，那么该生产者将放弃生产酒精；如果不被批准，那么该生产者将继续生产酒精。可是，如果放弃生产酒精，意味着不再需要玉米期货；而如果继续生产酒精，又意味着还需要玉米期货。

这是一个存在很大风险的困境。比如，如果该生产者认为申请会获得批准，他就会将持有的玉米期货转让掉，可是到时出现了事与愿违的情况，申请未获批准，那就只好继续生产酒精，所需原料就只能从现货市场购买，即使现货玉米价格出现了很大上涨，也只能买进，价格风险就对该生产者造成了明显威胁。

因此，这种情况下的当事者就需要一种新的交易工具，这种工具在申请未获批准时能够保持期货的持有；在申请得到批准时则又能放弃期货的持有。这种工具就是期权。

期权是一种权利的交易合约，在这个交易中，期权的买方买入一项权利，该权利的持有者（期权买方）在合约规定的范围内可以行使这项权利，也可以放弃（不行使）这项权利。对于本案例中的酒精生产者来说，"这项权利"是使他获得在规定的时间内，可以以 1 元/千克的价格买入 5 万吨玉米的权利。这就意味着，如果 2 个月后没有获得进口设备许可，他就行使这项权利，向对方按 1 元/千克的价格买入 5 万吨玉米；而如果 2 个月后获得进口设备许可，他则不购买玉米（放弃这项权利），一心一意地准备生产新产品。

在这里，期权的买方获得了一项可选择的权利（所以期权也叫"选择权"），很方便。而期权的卖方就不是这样了，期权的卖方承担着义务，当买方要买入玉米时，他必须按约定的价格提供 5 万吨玉米，而他之所以愿意承担这项义务，则是因为他已经收取了期权买方所付的费用,这种费用叫期权费或权利金。同时他还认为,到时候玉米市场价格不会高于 1 元/千克,买方在市场上就可以用更有利的价格买到。总之,卖方认为他可以赚到期权费,或者为了赚期权费可以冒玉米市场价格高于 1 元/千克的风险。

显然,如果在期权合约履约(也就是酒精生产者要向对方买入玉米)时,玉米的市场价格高于 1 元/千克,期权的买方(酒精生产者)就利用期权回避了不能获得进口许可的风险,也回避了玉米价格上涨的风险。对这一点应该不觉得奇怪,因为期权本身就是在期货基础上的进一步创新,期权保留着期货规避价格风险的优势。

作为交易的另一方,期权的卖方,承担着玉米价格上涨的风险,期权费正是期权卖方承担这种风险的报酬。实际上,在双方进行期权交易时,期权的买方认为玉米的价格在未来很可能要上涨,或者是为玉米价格在未来的可能上涨买一份保险;而期权的卖方则认为未来玉米的价格不太可能会上涨,自己可以赚到期权费(权利金)。

前面这个玉米生产者和酒精生产者的故事,是对衍生工具(远期合约、期货、期权)怎样从基础工具(现货交易)逐步发展起来的整个过程的一种生动而简明的描述。在现实中,基础的交易远不止商品的交易这一种,还有证券的交易、资金的交易、外汇的交易等,相应的基础工具也就有债券、股票、外汇等。类似地,以这些基础工具为基础也分别形成了相应的衍生工具。

在此必须特别说明的是,虽然这里对衍生工具的发展,是以实际生产、贸易活动的需要进行说明的,但显然衍生工具一旦出现,就不可避免地具有投机的功能。比如,如果一个市场参与者认为未来玉米价格要上涨,那么他就可以通过买进玉米期货来牟利;反之,如果一个市场参与者认为未来玉米价格要下跌,那么他就会采取卖出玉米期货的操作策略来牟利。二者之间可以完全不存在上述玉米和酒精之间的实际需要。

第三节　几种金融创新交易

在这里,我们将推开一扇小窗,通过对两项创新工具的分析,向大家展示衍生品世界里的两朵灿烂的小花,以一窥金融创新对经济活动的深刻影响。

一、金融互换:"无中生有"的效益

1. 互换的概念

所谓互换(Swap),是指交易双方达成协议,在一定期限内彼此交换利率种类、货币种类或者其他资产的一种交易行为①。

---

① 特别要提到的是,互换是双方就货币种类、利率种类的转换,这种转换本身并不涉及双方资产、负债的增加或减少,不对双方的资产、负债产生影响,是表外业务。

在金融互换交易中，最基础和最核心的内容是利率互换与货币互换，并在此基础上进一步发展出了许多更为复杂的衍生互换形式，如基于远期利率协议、长期外汇交易和长期利率期权的互换等。上述互换交易工具已被广泛运用到各种金融活动中。

2. 互换的作用

互换在金融管理中具有重要作用，这在后面对具体的互换工具的讨论中将会看得很清楚，在这里只是先进行一点原理上的论述。

互换的作用可归纳为两大方面，其一是在提高金融活动效率中的作用，也就是通过互换，可以减少成本或者增加收益。其二是在规避风险中的作用，也就是通过互换，可以在一定程度上降低风险。

利率互换有三种主要类型：息票利率互换（Coupon Swap）、基础利率互换（Basis Swap）和交叉货币利率互换（Cross-Currency Interest Rate Swap）。在这个小窗口中，我们仅展示息票利率互换。

3. 息票利率互换的过程和结果分析

所谓息票利率互换，是指同种货币基础上的固定利率与浮动利率的交换。即在约定时期内，交易的一方就该种货币向另一方支付一系列固定利率款项，另一方则向对方支付一系列浮动利率款项。息票利率互换是怎样"无中生有"互惠双方的呢？我们通过下面的例子来进行说明。

现实市场中的企业有不同的资信状态，如 AAA 级、A 级、BB 级等，资信好的企业，融资成本就比较低；资信不好的企业，融资成本就比较高。假定金融市场上 A 机构的融资成本要低于 B 机构，这两个机构在融资中的市场地位如表 9-1 所示。

表 9-1　不同资信机构的融资成本

机构	固定利率融资	浮动利率融资	比较优势差别
A	10%	Libor	—
B	12.5%	Libor + 0.5%	—
两个机构的融资成本差	2.5%	0.5%	2.5% − 0.5% = 2%

可见，虽然 A 机构无论是在固定利率融资还是在浮动利率融资上成本都比 B 机构低，但低的程度是不一样的。A 机构在固定利率融资上的优势要远远超过它在浮动利率融资上的优势，如表 9-1 中"比较优势差别"栏所示。

现在的情况是，A 机构需要 1 亿美元的浮动利率借款，B 机构需要 1 亿美元的固定利率借款。在已经出现互换市场后，就有两种可选择的融资方式：

Ⅰ：A 机构直接在市场上按与己相应的浮动利率融资 1 亿美元，成本是 Libor；B 机构直接在市场上按与己相应的固定利率融资 1 亿美元，成本是 12.5%。

Ⅱ：A 机构在市场上按 10% 的固定利率融资 1 亿美元，B 机构在市场上按 Libor+0.5% 的浮动利率融资 1 亿美元，然后 A 机构与 B 机构互换利率。

在方案Ⅱ中，假定在互换协议中约定，双方均在每年的同一时间支付利息，支付条件为 A 机构向 B 机构支付 Libor，B 机构向 A 机构支付 11%，则具体过程如图 9-1 所示。

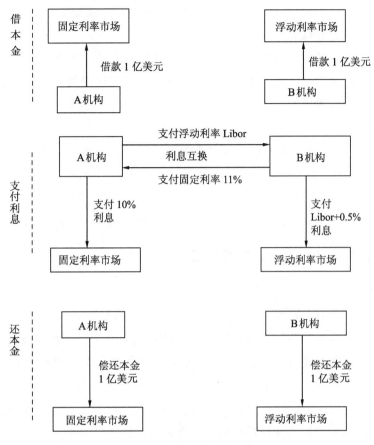

图 9-1　A、B 两机构利率互换过程

如果按上述第二种方案融资，则可使双方的融资成本低于第一种方案。我们通过表 9-2 来展开具体分析。

表 9-2　方案Ⅱ的成本分析

A 机构		B 机构	
固定利率市场		固定利率市场	
支付	10%	净支付	11%
收到	11%	浮动利率市场	
净支付	−1%	支付	Libor + 0.5%
浮动利率市场		收到	Libor
净支付	Libor	净支付	0.5%
实际成本：Libor − 1%		实际成本：11% + 0.5% = 11.5%	

根据融资方案Ⅰ，A 机构的成本是 Libor，B 机构的成本是 12.5%。

而用方案 II 融资，A 机构的成本是 Libor - 1%，B 机构的成本是 11.5%。双方分别节约了 1% 的成本。

A、B 两机构各自能节约多少成本，是由双方在各自市场地位的基础上谈判签约来确定的。在这里我们假设双方利益均沾。

在互换市场上，通常要借助互换中介商。由于中介商必须要分享一部分利益，原来双方直接互换下的利益分配必然要发生一些变化，这种变化的具体结果也是由 A、B 机构分别与中介商谈判决定的。比如，中介商得益 0.5%，B 机构得益 0.5%，A 机构得益 1%。三者之和仍为 2%。

在这个互换中，"无中生有"的空间有多大呢？能否"生"出 3% 的利益呢？答案是不能。"无中生有"的空间，是由 A、B 两机构在固定利率市场和浮动利率市场上的融资成本差决定的，也就是表 9-1 "比较优势差别"栏中的"2%"。

上述互换使各方得利的过程，也是所谓的"互换套利"的过程。

二、利率期权组合：玩弄风险的魔术

1. 利率上限的含义

从现实的角度来看，利率上限（Interest Rate Caps）是浮动利率债务人为防范未来利率上升过大的风险而选用的一种避险工具。利率上限是一个多期①期权合约，签约双方就未来一段确定的时间内，商定一个固定的利率水平 E 作为"利率上限"，当合约中约定的市场利率超过这一"利率上限"时，则由多期期权合约的卖方将市场利率和上限利率的差额支付给买方；但买方在签约时，需要支付给期权合约卖方一定的期权费。通常，合约里的期权费是以（计算利率的）本金的百分比表示的。

对于买方而言，利率上升时卖方的支付就成了自己的收入，买方在一次支付期的损益如图 9-2(a)所示。这显然是一个期权买方的损益图。

对于卖方而言，利率不上升（不超过 E）时买方的支付就成了自己的收入，只有当利率超过 E 时，卖方支付超过的部分。当然，卖方的判断是利率不太可能超过 E，卖方可以赚到对方支付的期权费。卖方在一次支付期的损益如图 9-2(b)所示。

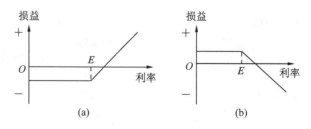

图 9-2 利率上限买方和卖方损益图

---

① 一个信贷合约会有多次利息支付，这就需要多期期权与之对应。

2. 利率下限的含义

与利率上限相反，利率下限（Interest Rate Floors）可看作用于保护浮动利率债权人的多期期权合约。在该合约中，买卖双方就未来的一定时期，确定一个固定利率 E 作为利率下限，在合约有效期内相应的结算日到来时，如果所指的市场（浮动）利率低于利率下限，则由合约（也就是期权）的卖出方将市场利率与下限利率的差额支付给买方。买方则为此在签约时向卖方支付一定的期权费。

在每个结算日，作为下限买方与卖方的损益分别如图 9-3(a)和图 9-3(b)所示。

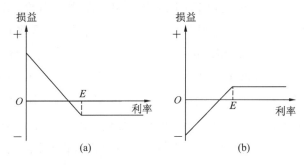

图 9-3　利率下限买方和卖方损益图

作为对资产收入进行保值的工具，利率下限自然经常在投资过程中得到运用。例如，当投资浮息资产时，如果利率上浮，浮息资产的收入当然也随之上升。但是，万一市场利率不升反降，这将对投资者十分不利。为此，该投资者付出一定费用买入利率下限，就可使整个投资不会因利率大幅下降而遭受难以承受的亏损。

3. 利率上下限

所谓利率上下限（Interest Rate Collars），是指买入一个利率上限的同时卖出一个利率下限①。

进行这样的组合，多数情况下是因为在买入利率上限对负债支付进行避险时，利率上限的费用对于使用者而言较高，所以利率上限使用者通过卖出利率下限，用收取的利率下限的费用对购买利率上限的费用进行弥补。

利率上下限可以是一项交易（即一个利率上下限交易），也可以是一个买入利率上限的交易和一个卖出利率下限的交易组合，前者和后者的影响是完全相同的。

例如，某企业以现行利率为 8% 的浮动利率融资后，用于购买固定收益率为 10% 的资产。显然，只要浮动利率在未来不超过 10%，该企业的投资就不会亏损，但为预防市场利率会超过 10%，企业当然希望买入上限利率为 10% 的利率上限，此时该利率上限的价格为 0.55%，企业觉得价格太高难以承受，就卖出一个下限利率为 7% 的利率下限，假定该利率下限的价格是 0.45%，于是，该企业实际支付 0.1% 而得到一个利率上下限。

就该企业而言，利率上下限的损益是怎样的呢？我们通过图 9-4 进行分析。

---

① 类似地，也可以买入一个利率下限而卖出一个利率上限——利率下上限。

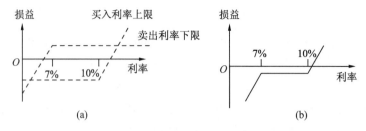

图 9-4 利率上下限损益图

图 9-4(a)表示了该企业买入利率上限和卖出利率下限的损益;图 9-4(b)表示了最终合成的损益。可以看到,当市场利率在 7%~10%之间时,企业将有 0.1%(即两个期权费之差)的净支付;在市场利率超过 10%时,利率上限的卖方将支付超过部分,企业从中获益;而当市场利率低于 7%时,该企业则要为卖出的利率下限支付差额部分。

很清楚,企业买入利率上下限的结果是:当市场利率在下限利率和上限利率之间时,企业完全不受市场利率的影响;当市场利率超过上限利率时,超过的部分对该企业同样没有影响,而是由利率上限的卖方支付;当市场利率低于下限利率时,该企业要出现更大的亏损。那么,企业为什么愿意承担利率下跌的风险呢?这里有两方面的解释:一是该企业对利率走势的判断,即该企业认为利率下跌超过下限利率的可能性很小;二是企业负债经营具有普遍性,利率下跌总的来说可以使企业总负债的利息负担减轻,企业更担心的是利率上升而不是下跌。

第四节 国际金融创新的影响

国际金融创新使国际金融市场发生了深刻的变化,对世界经济在各个层次上都有着深远的影响。

一方面,国际金融创新会极大地刺激资本在国际间的流动。

首先,国际金融创新为资本规避在国际间流动时所遇到的风险提供了有效帮助,相当一部分的汇率风险可以通过外汇远期、期货、期权等工具来规避,利率风险可以通过远期利率协议、利率期货、利率上下限等工具来规避,信用风险可以通过股权—债权互换等方法减轻①。在这个意义上,上述创新可使资本流动更加"肆无忌惮"。

其次,国际金融创新提高了资本流动的效率。新的国际金融工具的出现,新的国际金融市场的产生,新的融资方式的采用,都使资本在国际间流动的成本大为降低,融资效率显著提高,资本流动更为便捷、灵活。

最后,国际金融创新提供了各种新的盈利途径(如前文介绍的"无中生有"),利

---

① 当然,这些规避方法本身需要比较高的操作技巧并需要付出一定的成本,同时它不能规避所有的风险。

用衍生工具可以用比较少的保证金来控制大量的合约，这使它可能的盈亏幅度大大高于一般交易。同时，大多数衍生交易属于表外业务，这使得投资者获得了不影响资本比例的新的盈利途径。

另一方面，国际金融创新在提供风险管理的有效途径的同时，其本身的交易风险非常突出，仅从衍生工具来看，这一交易具有很高的杠杆性，可能的盈利与亏损程度都相当大，随着合同标的物价格的变动，合约价值的变动可能几十倍甚至几百倍于所缴保证金，这是其他任何市场交易所不具有的特性。这样，金融衍生工具在成为风险管理手段的同时，又是最具有风险的交易，是国际短期投机资金最活跃的地方。20世纪90年代以来，衍生工具已引起了一系列金融动荡。一个典型的例子是，在市场上屹立了233年的著名投资银行——英国巴林银行，就是因为对高杠杆下的日经指数期货的判断和操作失误，结果损失14亿美元，不得不于1995年2月26日宣告破产，这个事件随即引起了亚洲甚至全球金融市场的震动。另一个更加著名的例子则是2006年美国爆发的次贷危机。次贷危机的基础是房地产泡沫及其催生的信贷扩张，但将美国的城市房价和日本东京、中国香港等城市的房价对比，美国的房地产泡沫不算大，但只有美国出现了次贷危机。人们的共识是：正是次级房贷资产在美国衍生品市场上各种花样翻新的反复证券化，导致了高度放大的信贷链条，一旦基础承载品——房产价格泡沫破裂，就会导致难以控制的多米诺骨牌效应。显然，由于衍生品市场的高杠杆特性及其与其他金融市场的密切联系，衍生品市场交易所产生的风险对全球金融体系的稳定形成了日益显著的影响。尤其是大量金融衍生工具的交易属于很少受银行资本比例要求控制的表外业务，这也加大了政府对此监管的难度。

另外，金融衍生工具的高杠杆性使越来越多的资金与实物生产和投资相脱离，有引导社会资源偏离实际生产而注重投机的倾向。

创新要求的"账户条件"

一、保证金账户

各种创新金融工具往往具有"时空转换"功能，比如现在签订的远期类合约或期权类合约可以对未来进行保值增值和风险规避。那么，如果后来合约中的标的物价格真的上涨了（超过了合约确定的交易价格），卖方会不会拒绝交割（"弃账潜逃"）呢？

避免这类问题的发生，不是靠遵守契约的道德良心，而是靠创新设计的账户制度——保证金账户。

客户在经纪公司开立的账户包括现金账户和保证金账户。

现金账户（Cash Account）是存款必须能够抵补提款或支付的账户。这种账户通常不能透支。

保证金账户（Margin Account）是客户在经纪公司开立的具有一定透支权限的账户，如果账户所有人需支付的资金超过账户资金余额，经纪公司会在限额内自动提供贷款；不仅如此，当开立保证金账户的投资者想卖出某种证券，而自己的账户上并没有该种证券时，经纪公司还会将证券借给投资者以供其卖出。通过保证金账户，投资者获得了融资和融券的便利，可以进行买空（即融资）、卖空（即融券）交易，经纪公司也获得了更大的业务量和收入。但是，保证金账户在提供更多便利的同时，对投资者也有更多的约束。

在经纪公司开立保证金账户时，投资者（客户）必须与经纪公司签订客户协议。这种协议要求，投资者以保证金账户融资购买证券时，买入的证券需充当贷款抵押品；保证金账户上的证券在客户不动用的时候，可以被经纪公司"借用"。

为了便利证券的抵押和借贷，经纪公司要求用保证金账户购买的证券，都以经纪公司的"行号代名"（Street Name）持有，这意味着从证券发行者角度看，证券的所有者是经纪公司，普通股的发行者会把所有的股票红利、财务报告和选举权交给经纪公司，经纪公司再将这些东西转交给真正的投资者，即用保证金账户购买股票（证券）的客户。因此，从投资者的感觉而言，以行号代名持有证券和以普通账户持有证券基本上没有什么不同。

保证金账户的特点，就是允许投资者进行买空和卖空（或称融资和融券）。

二、买空交易（Margin Purchase）

通过现金账户购买证券时必须支付足额的现金，然而，持有保证金账户的投资者在购买证券时，只需用现金支付账户规定的比例，其余部分则由经纪公司贷款来满足，所以也称为"融资交易"。由保证金购买引起的借款量为投资者的借方余额（Debit Balance）。此种贷款的利率计算，通常是在银行给经纪公司的短期贷款利率之上，再加上经纪公司的服务费率。

投资者通过保证金账户购买的证券，实际是记在"行号代名"上，充当着投资者在经纪公司贷款的抵押物的角色，经纪公司也会把这些证券作为向银行贷款的抵押，从银行获得转贷给客户的资金。实际上，经纪公司好像一种中介，充当着银行和投资者之间的桥梁。

1. 初始保证金要求

在进行证券交易时，证券管理当局要求投资者自己投入一定的自有资金，用于支付购买价格的最起码的比率，这就是初始保证金要求（Initial Margin Requirement），这个比率称为初始保证金率①。对不同的交易品种（如股票、国债），监管当局常会规定不同的初始保证金要求。比如，对于风险较小的国债，初始保证金要求较低；对于风险较大的股票，初始保证金要求就比较高。

2. 实际保证金

这里以融资买进股票为例。客户按初始保证金要求买进股票后，股票的市场价格仍在波动，这导致客户自己支付的购买比率也在变动，这时客户自己支付的实际购买比率就是实际保证金率（Actual Margin Rate）。

在买空交易中，实际保证金率指的是在买进来的标的物中，投资者的自有资金所占的比重。投资者用保证金账户购买股票的实际保证金率计算公式如下：

$$AM = \frac{MV - L}{MV} \tag{9.1}$$

其中，AM 为实际保证金率；MV 为该账户的资产的市值，即在该买空交易中买进的股票的市值；L 为该账户的负债，也就是进行买空交易时从经纪公司得到的贷款。

作为向客户提供了贷款的经纪公司，它需要随时知道客户的保证金状况，因此也就需要每天对客户的实际保证金率进行计算。这种计算是按照每天股票的收盘价进行的。每天按照股票的收盘价计算投资者账户实际保证金的做法，被称为"盯市"（Marking to Market）。从式（9.1）可以看出，在刚发生交易时，实际保证金率就等于初始保证金率，以后，随着股价波动导致账户资产变化，由式（9.1）计算出的实际保证金率也会出现高于或低于初始保证金率的变化。如果股价下跌，则实际保证金率就将下降；如果股价上涨，则实际保证金率就会提高。

例如，假定初始保证金率为60%，一位客户通过保证金账户按50元/股的价格买入A股票100股，此时客户需要支付交易总额（50元/股 × 100股 = 5 000元）的60%（3 000元），其余的2 000元则由经纪公司贷给该客户。我们应该注意到，此时100股A股票充当着2 000元贷款的抵押品。如果A股票价格下跌，显然会引起经纪公司的关注，因为作为抵押品的股票的价值下降了。如果股票价格持续下跌，那么就可能会使抵押品的价格跌到贷款额之下。假设A股票的价格跌到每股18元，客户抵押在经纪公司的抵押品就只值1 800元，而贷款为2 000元，一旦客户甩手潜逃，就意味着经纪公司要亏损200元。当然，经纪公司不会傻等着抵押品价格跌到如此地步，它必然会在更早的时刻采取行动。那么，什么时候行动呢？

3. 最低保证金

为了防止上述事件的发生，经纪公司自然会要求投资者在账户中保留一定比例的实际保证金，这个比例要求账户上有足够的资产，使经纪公司强制平仓后不至于发生亏损。这种一定比例的保证金被称为最低保证金或维持保证金（Maintenance Margin），它

---

① 在有的交易所，允许在保证金账户上存入某些有价证券（如国债）来代替现金作为保证金。

标示了经纪公司采取行动的场景。对于不同品种的交易，最低保证金率的水平也会有所不同。

最低保证金率肯定会低于初始保证金率，但会大于零，它是保证金账户上的资产价值不会过低的一个最起码的界限，比如假设所规定的最低保证金率是 30%（在以下对最低保证金的进一步说明中，只针对买空交易进行）。

如前文所述，在买空交易中，保证金率指的是在买进来的标的物中，投资者账户上的"自有"部分所占的比重。因此，"最低保证金率"就是实际保证金率 AM 不能突破的最低限度。

在前面所举的例子中，如果 A 股票下降到每股 25 元，投资者账户中的实际保证金率将变为

$$AM = \frac{MV - L}{MV} = \frac{100 \times 25 - 2\,000}{100 \times 25} = 20\%$$

这一比率已经低于规定的 30% 的底线，则该账户已处于"保证金不足"状态，投资者将收到追加保证金的通知，通知中会要求他提高保证金比率，即向账户增加现金或证券资产。

如果股价不跌反涨到 60 元，买空者的（实际）保证金状况为

$$AM = \frac{100 \times 60 - 2\,000}{100 \times 60} \approx 66.67\%$$

在这种情况下，实际保证金超过初始保证金的要求，该账户处于"保证金盈余"状态。投资者就能从账户中提取超过初始保证金部分的资金，相当于现有资产的 6.67%。

4. 保证金账户的三种状态

（1）保证金不足。

如果账户的实际保证金降到最低保证金标准或之下，就称账户的保证金不足（Under Margined）。此时，经纪公司将向客户发出追加保证金的通知，在通知中要求客户在规定时限内对下列三项操作进行选择：

① 在账户中存入现金或证券；

② 偿还部分贷款；

③ 出售部分证券，以收入偿还部分贷款。

进行这三项操作中的任何一项，都会增加实际保证金率。如果投资者不能根据通知要求采取行动，那么根据账户协议（客户协议），经纪公司有权出售账户中的证券（强制平仓），以使实际保证金率至少达到最低保证金率的要求。

（2）保证金盈余。

反之，如果标的物价格变动导致账户的资产增加，实际保证金将超过初始保证金的要求。在这种情况下，账户就被称为无限制账户或保证金盈余账户（Over Margin

Account),这时客户可以将超过初始保证金的部分提现。

(3) 限制使用账户。

还有一种介于前面两种状态之间的情况,即实际保证金率低于初始保证金率,但高于最低保证金率。在这种情况下,客户和经纪公司双方都不需要对保证金本身采取任何行动,但不允许有任何使实际保证金进一步减少的主观行为(如提现)。这时的保证金账户称为"限制使用账户"(Restricted Account)。

综上所述,"最低保证金率"不可逾越(因为一旦处于临界且客户又不及时补充资金,经纪公司就会强制平仓),金融衍生工具所使用的保证金账户总能保证账上有足够的资产来履行合约。

从"全面免疫"到"或然免疫"

风险是指未来发生消极结果的可能性,是用百分比标识的不确定性。

在金融创新中,消除风险是一个重要的目标。利用远期类或者期权类工具都可以进行风险管理。但远期类工具和期权类工具的效果有显著不同:远期类工具的效果是"全面免疫",意思是可以消除一切不确定性,不管是正向的还是负向的;期权类工具的效果是"或然免疫",意思是可以消除特定的(你需要消除的)不确定性。

一、远期类工具和"全面免疫"

如果以 P_d 表示远期合约中标的物的合同交割价格,以 P_T 表示合约到期时标的物的即期市场价格,则远期合约到期时,买方(多头方)的损益 R 为

$$R = P_T - P_d \tag{9.2}$$

而卖方(空头方)的损益 R 为

$$R = P_d - P_T \tag{9.3}$$

上述损益的正负及大小取决于标的物到期时的市场价格与交割价格的偏离程度。图 9-5(a) 和图 9-5(b) 分别是远期合约到期时买方和卖方的损益状况。

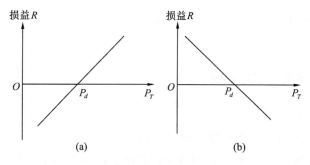

图 9-5 远期合约到期时的损益状况

如果一个市场参与者持有某个品种,那么随着该品种的价格变化,该参与者的损益

也会发生相应变化。图 9-6(a) 和图 9-6(b) 分别是市场参与者持有该品种和卖出该品种的远期合约的损益状况。

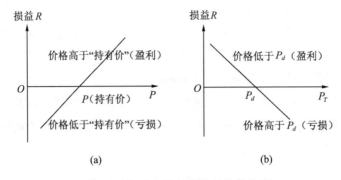

图 9-6 市场参与者的损益与价格变化

如果持有该品种的市场参与者担心价格下跌造成损失，就可以卖出该品种的远期合约。这样，如果后来价格下跌了，他持有的该品种会有价格下跌的损失，可是他卖出的远期合约却随着价格下跌而出现相应的盈利，综合计算后盈亏相抵。如果后来价格上涨了，他手中的该品种当然升值了，可是卖出的远期合约却会出现相应亏损，综合效果还是盈亏相抵，如图 9-7 中横轴重合线所示。

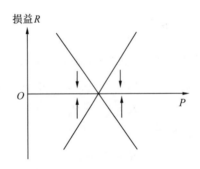

图 9-7 盈亏相互对冲①

可见，采用远期合约进行保值后，无论标的物价格在未来是涨还是跌，都能保证损益不受影响，这种组合全面"过滤"了价格变动风险。这样的效果就称为"全面免疫"。

二、期权类工具和"或然免疫"

1. 期权

期权（Options）是交易双方缔结的标准化合约，在合约中，期权的卖方（Writer）赋予期权的买方（Buyer）在一定时间按议定的价格向其买入或卖出一定数量的标的物

---

① 现实中，现货市场的价格 P 和远期合约中的 P_d 可能会有些许不同，但这样的差别不影响整体分析逻辑。

（如股票）的权利。期权的买方要为上述权利支付相应的费用。这种费用称为期权费或权利金；而"合同中议定的价格"称为"执行价"（Exercise Price），也称为敲定价或行使价。应该注意的是，期权交易不仅涉及权利的买卖双方，被交易的权利也有买权和卖权之分。买方支付期权费后，只有权利而没有义务，买方可以行使这种权利，也可以放弃这种权利；卖方收取期权费后，就必须承担义务，在买方行使买权或卖权时按合同履约，即按议定价格和数量卖出或买入标的资产。

如果按合约赋予买方的权利是"买"还是"卖"来对期权进行分类，期权又可分为买权和卖权。

买权（call）：当期权卖方赋予买方按议定价格买入一定标的物（资产）的权利时，这种合约就称为买权合约。买方买入这种权利，是由于买方认为标的资产的市价未来会超过合同议定的执行价，从而可以用执行价购入"便宜货"。买权也因此被称为"看涨期权"。

卖权（put）：当期权卖方赋予买方按议定价格卖出一定标的物（资产）的权利时，这种合约就称为卖权合约。买方买入这种权利，是由于买方认为标的资产的市价在未来会低于合同议定的执行价，从而可以用"便宜的"市价买入资产，再用"昂贵的"执行价卖出资产。卖权也因此被称为"看跌期权"。

2. 期权到期时的损益分析

期权的价值决定是一个相当复杂的问题，但当期权到期时，这个问题就相对简单一些。这里仅以股票期权为例讨论期权到期时的价值问题。

股票期权到期时的价值，主要取决于股票市价与执行价的对比关系。在股票市价低于执行价时买权会被放弃，而卖权会被执行；反之，在股票市价高于执行价时，买权会被执行，而卖权会被放弃。在执行时获得的利益就是期权的价值。

下面以 E 表示执行价，P 表示股票价格，R 表示损益。

图 9-8(a)表现的是买入买权这一策略在买权到期时的损益分析。由图 9-8(a)可知，如果 $P < E$，那么买权被放弃，已经支付的期权费就成了确定的亏损 OA；而如果 $P > E$，则买权被执行，收益 $P - E$ 形成对期权费的补偿。当 $P - E = |OA|$ 时，期权费就完全被弥补；当 $P - E > |OA|$ 时，这个策略就开始盈利，P 越大，盈利就越多。

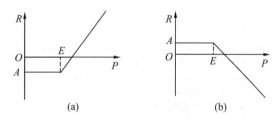

图 9-8 买权买方和卖方的损益

图 9-8(b)表现的是对买权卖方损益的描述。如果 $P < E$，买权被放弃，卖方获得期

权费收益；如果 $P > E$，买权被执行，卖方开始亏损，P 越大，卖方的亏损也越大。对比图 9-8(a) 和图 9-8(b) 可知，期权买卖双方的损益数量相同而方向相反。

图 9-9 是关于卖权买方和卖方损益的描述。其中，图 9-9(a) 表现的是卖权买方的损益。当 $P > E$ 时，买方放弃卖权，损失期权费；而当 $P < E$ 时，买方执行卖权，将价格为 P 的股票按 E 卖给对方，获得 $E - P$ 的价差，P 越小，$E - P$ 的价差越大。

图 9-9(b) 表现的是卖权卖方的损益。当 $P > E$ 时，卖方因对方放弃执行卖权而赚得期权费；当 $P < E$ 时，卖方则因对方执行卖权而损失 $E - P$，损失随着 P 的减少而增大。

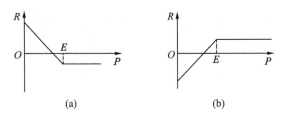

图 9-9 卖权买方和卖方的损益

3. 或然免疫

有了上述分析作为铺垫，我们就可以讨论如何利用期权实现"或然免疫"了。

对于持有一定股票的投资者来说，为了规避未来因股票价格下跌而遭受损失，可以买入股票的卖权。这样组合的结果，在下面的分析中得以呈现。

图 9-10(a) 和图 9-10(b) 分别展现了单独持有股票和单独买入卖权的损益状况，把二者作为一个投资组合，就是把这两个单独的损益图叠加，其综合结果是图 9-11 中的粗线所表示的合成损益。

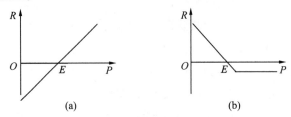

图 9-10 单独持有股票和单独买入卖权的损益状况

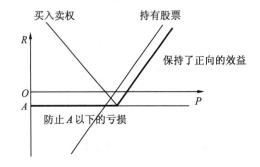

图 9-11 持有股票同时买入卖权的综合损益状况

图 9-11 表明，利用期权，可以达到"保留正向结果，规避消极可能"的"或然免疫"效果。OA 的资金付出，就是风险规避（防止 A 以下的亏损）的成本。

复习思考题

1. 金融衍生工具发展的动因是什么？
2. 金融衍生工具大致有哪些种类？
3. 什么是利率上限和利率下限？什么是利率上下限？
4. 讨论金融衍生工具的积极和消极影响。

第十章 国际资金流动与货币危机

第一节 国际资金流动

一、国际资金流动概述

国际资金流动是在国际金融市场上发生的，它对开放经济的运行有着深刻的影响，对全球经济的稳定和发展具有重要的意义。

国际资金流动可以依据资金流动与实际生产、交换的关系分为两大类。一类是与实际生产、交换发生直接联系的资金流动，其第一种表现形式为在国际间兴办企业、控制或介入企业的实际经营管理的产业性资金流动——国际直接投资；第二种表现形式为商品在国际间流动的对应物，即在国际贸易支付中发生的资金流动及与之直接联系而发生的各种贸易信贷等贸易性资金流动。

另一类则是与实际生产、交换没有直接联系的金融性资金的国际流动。这种国际资金流动与实际生产、交换没有直接联系，而是以逐利为目的、以货币金融形态存在于国际间的金融性资金流动。例如，国际银行存贷市场上与国际贸易支付不发生直接联系的银行同业拆借活动，国际证券市场上不以获取企业控制权为最终目的的证券买卖，外汇市场上与商品进出口没有直接联系的外汇买卖，国际衍生工具市场上与商品贸易套期保值无关的交易，等等。

这两种资金流动有着非常大的区别，具有各自相对独立的规律。对于前一种类型的资金流动而言，其中的产业性资金流动与企业理论有着密切的联系，属于国际投资学的研究范畴。而对于后一种类型的资金流动，它与实际生产、交换没有直接联系，具有更为明显的货币金融性质。它发展迅速，形式复杂，表现出自身相对独立的运动规律，而且规模越来越大，越来越脱离实物经济，对开放经济的运行产生了特别重要的影响。

本书讨论的国际资金流动就是后一种类型的国际资金流动。这类国际资金流动可以进一步划分为以下三种类型。其实这些类型也是形成国际资金流动的基本内在原因。

1. 套利性资金流动

套利性资金流动一般是为了利用各国金融市场上利率与汇率的差异而赚取差价，它有套汇和套利两种操作手段。

2. 避险性资金流动

避险性资金流动又称资本外逃，是指金融资产的持有者为了资金安全而进行资金跨境调拨所形成的短期资金流动。造成资本外逃的原因有很多，如一国政治局势不稳、经济形势不好、国际收支状况恶化、货币贬值预期、准备实行外汇管制、限制资金外流、准备增加某些税收等。

3. 投机性资金流动

投机性资金流动是指投资者利用国际市场上金融资产或商品的价格波动，从中牟取利润而引起的短期资金流动。受国际金融一体化、国际金融创新等因素的影响，投机资金的力量越来越大，在国际金融市场上的活动越来越猖獗，已成为国际短期资金流动中最主要、最有影响力的组成部分。因此，投机性资金流动一直是被重点关注的对象。

资金在国际间的短期流动为经济提供了许多有利条件，但同时也带来了冲击。一方面，由于短期资金的流动非常迅速，并且对利率、汇率等经济变量的变动十分敏感，因此，一国可以根据实际情况灵活地调整利率、汇率等变量，以引导资金在国际间的流动，及时满足本国在短期内对资金的需求；另一方面，国际短期资金数量巨大，当它的流动方向背离一国的经济要求时，就足以对该国的利率、汇率及其他方面的经济秩序造成灾难性的冲击。

二、国际资金流动的特点

20世纪80年代以来，国际资金流动体现出以下特点。

1. 国际资金流动规模巨大，不再依赖于实物经济而独立增长

从发展速度上讲，国际资金流动的增长速度远远快于世界贸易的增长。正如前文提到的那样，2018年全球贸易总额还略低于40万亿美元，而同期外汇交易量却达到1 800万亿美元左右。另外，一大批在国际资金流动中占据突出地位的离岸金融中心出现在经济和贸易都不太发达的国家和地区（如巴哈马、巴林、开曼群岛、菲律宾、新加坡、阿联酋等），明显缺乏生产、消费、物流等社会经济活动的支撑。这些特征都明确说明了国际资金流动已摆脱对实物经济的依赖。

2. 国际资金流动的结构发生了巨大变化

国际资金流动的结构可以从以下三个角度观察。

第一，国际资金流动既可表现为资金在不同国家或地区之间的流动，又可表现为资金在外汇市场、信贷市场、证券市场及衍生工具市场间的流动。后一种流动的增长极为迅速，并且在国别和地区上存在差别，具有极大的可逆性，因而是构成20世纪90年代以来一系列货币危机的重要因素。

第二，从国际资金在传统流动方式和衍生工具之间的配比来看，衍生工具交易产生的国际资金流动数量早已占据绝对优势地位。根据国际清算银行的资料，交易所市场及场外交易的衍生工具的名义本金在 2000 年前就已经超过当时美国、日本、加拿大及欧盟 15 个发达国家的所有债券、股票和银行资产的总市值。

第三，从衍生工具交易的内部组成来看，场外交易的衍生工具增长更为迅猛，基本上在国际衍生工具交易中占据主导地位。场外衍生工具交易之所以飞速发展，主要是因为场外交易形式简便灵活、成本低及易于创新。

3. 机构投资者是主要的参与者

机构投资者包括共同基金、对冲基金、养老基金、保险公司、信托公司、基金会、捐款基金，以及投资银行、商业银行和证券公司。在许多工业化国家，居民家庭储蓄行为的多元化和金融业的开放，使机构投资者掌握的金融资产急剧上升。机构投资者在自身规模得到迅速发展的同时，客观上必然需要将其资产在全球范围内进行配置，从而在国际资金流动中发挥中介作用。在众多的机构投资者中，对冲基金表现特别活跃，它们在历次金融、货币危机中的助推甚至引领作用应该引起我们的充分警惕。

对冲基金具有三个鲜明的特点：第一，它经常脱离本土在境外活动；第二，它在市场交易中的杠杆比率非常高，往往从银行借入大大超过其资本数量的资金进行投机活动，这一借贷数量最高可达到其本金的 50 倍；第三，它大量从事金融衍生工具交易。由于金融衍生工具的交易只要少量的大大低于合约名义价值的保证金就可以进行，因此对冲基金又获得了远远超出其实力的对市场的控制力。以上三个特点使对冲基金的投机性特别强，在国际金融市场上有很强的兴风作浪能力。

三、国际资金流动高速增长的原因

国际资金流动的高速增长是由一系列因素造成的。这些因素有的是市场内在因素，有的是外部环境因素，可以综合概括为以下几条：

第一，国际范围内与实际生产相脱离的巨额金融资产的积累。这些资金来源于各国特别是主要的可兑换货币发行国的货币过量发行（表现为长期通货膨胀）、产油国提高油价而形成的巨额石油美元及美国通过巨额的国际收支逆差而流到国际上的大量美元资金。金融市场及金融中介机构的发展又派生了不少金融资产。这些都成为国际资金流动增长的源泉。

第二，各国对国际资金流动管制的放松。第二次世界大战后到 20 世纪 70 年代，各国对国际资金流动的管制一直相当严厉。但 20 世纪 70 年代以后，各国先后放松了外汇管制、资本管制，并逐步放开本国的银行信贷市场与证券市场，允许外国金融机构进入本国，允许非居民到国内金融市场筹资。到 1992 年，绝大多数发达国家都放开了对国际资金流动的管制。继而，新兴市场也显著放松了资本管制。

第三，国际间收益率的差异。各国国内资金供求的不平衡，导致各国金融市场上利率出现差异；类似地，离岸金融市场上交易成本较低，使该市场的利率水平与国内金融市场存在差异。这些都形成了国际资金流动的吸引力和推动力。

第四，风险的差异。在国内和国际金融市场上形成的资产或负债之间一般不是完全可替代的，因为这些资产或负债的风险与收益率的情况不同。为了有效规避风险，就需要将资产分散化，即同时持有多种形式的、具有不同风险与收益率的资产。这就要求国际资金迅速根据目的流动。这种认为风险因素与收益率因素共同影响资金流动的观点就是资产组合理论，它是解释国际资金流动成因的重要理论。

第五，国际资金流动的自发增加机制。它类似于国内金融市场的存款放大机制。比如，在一笔资金进入欧洲货币市场后，如果这笔资产的存贷都在欧洲货币市场上进行，那么这笔存款可以派生出一系列存款，而且由于该市场不存在法定存款准备金限制，因此欧洲货币市场通常具有比一般国内市场更大的存款放大系数。

四、国际资金流动的作用

国际资金流动的高速增长对一国开放经济的运行乃至全球经济都带来了重大影响。具体而言，国际资金流动客观上可以发挥以下有利作用：

第一，提供更多的投资渠道和收益机会。在国际货币和资本市场上发行的金融证券为公众存款提供了一个获利能力较强的投资渠道。同时，这些投资行为还间接促进了商品和服务的增长，提高了人们的生活水平。更多的金融工具和更大的市场将提供更多的资产保值和增值方式。国际资金流动在引起各国金融市场繁荣的同时，将进一步拉动世界领域的投资行为。

第二，增强资金的流动性。国际资金以各种金融工具的形式在金融市场中运动，不仅能够保值和增值，还能进行无风险变现。由于各国市场结构和政策规定不同，资金变现的难易程度也不同。国际金融市场的一体化特性能使各国资金通过国际资金的形式寻求出口，从而提高其流动性，增强资金的运用效率。

第三，推动国际金融市场一体化。国际资金流动的重点在于"流动"，更大范围的流动（国际资金流动）使资金能在更大的范围内进行配置。当某一国国内金融市场上的资金需求大于供应时，资金将流入；当资金需求小于供应时，资金将流出，从而使各国金融市场的利率水平变动趋势逐步趋于一致。而"趋于一致"正是市场一体化的核心内涵。国际资金流动使国际金融市场与各国国内金融市场的联系更加紧密、更加一体化。

但是，国际资金流动的高速增长是一把锋利的双刃剑，它在带来巨大利益的同时，也会产生相应的消极影响。这些消极影响大致可以归纳为以下几条：

第一，国际金融市场的一体化使资金在各国之间的流动异常迅速便捷，但国际资金频繁、大规模的进出很容易使一国国际收支受到非常大的冲击，并容易引发甚至直接导致货币危机、金融危机。

第二，国际资金流动使各国运用货币政策的自由度受到一定限制。因为货币政策、汇率稳定和资金的国际流动这三项彼此间相互依赖，当确定其中一项时，另外两项中至少有一项就不存在。这是对前面学过的内容的又一种总结性表述，这种表述也称为"三元悖论"。可见，国际资金流动在使经济得以更为有效地利用开放性的有利条件的同时，对经济的稳定发展也带来了巨大的冲击。

第三，巨额资金流动往往引起外汇市场供求的变化，这不仅会加大汇率风险，同时也使一国的微观经济主体面临压力。比如，如果汇率大幅变化，涉外企业会难以判断现在正在谈判的合同会不会盈利（或亏损），就会对生产、贸易的持续性造成困扰。

第二节　货币危机

由于本书主要是对国际收支、汇率、利率等进行讨论，基本没有涉及银行、金融机构和金融业的结构问题，因此在下面就不讨论一般性的金融危机问题，而是集中讨论与汇率、利率密切相关的货币危机问题[①]。

货币危机有广义和狭义两种概念。广义的货币危机是指汇率超越常规的大幅度波动；狭义的货币危机是指固定汇率因无法维持而崩溃。本节重点讨论狭义的货币危机。

很多经济、金融学者都同意，市场经济有两个先天的弱点，它有与生俱来的衰退，还有与生俱来的金融灾难。前者已经促成宏观经济理论的建立与发展，而后者也促成了金融危机、货币危机理论的建立和发展。对于货币危机理论来说，迄今为止只发展出了三代（更准确地说是二代半）理论模型。在这所谓的三代理论模型中，第一代模型是强调扩张性的财政政策和货币政策与固定汇率之间内在矛盾的国际收支危机模型，该模型较好地解释了20世纪80年代的拉美债务危机；第二代模型研究了货币危机预期的自我实现机制及这种机制的现实表现——政府的利弊权衡，也因此被称为"预期模型"或"成本收益模型"，并被用于解释20世纪90年代的欧洲汇率机制危机；第三代模型是强调裙带资本主义和金融机构道德风险与货币金融危机之间的关系的道德风险模型。下面将对这些理论依次分述，以便从理论上来加深了解金融危机的内在机制和生成过程。

一、第一代货币危机模型——国际收支危机模型

保罗·R.克鲁格曼于1979年提出的国际收支危机模型，通常被称为第一代货币危机模型，它是研究现代国际金融危机的理论开端。其主要结论是，与固定汇率制度相矛盾的宏观经济政策，特别是扩张性的财政政策和货币政策，最终将不可避免地导致外汇

---

① 在本章"知识拓展"中，可以看到一些对各种危机概念的讨论。

储备的枯竭，从而导致固定汇率制度的崩溃。不过，外汇储备的枯竭并不是一个平稳、渐进的过程，而是有一个临界点。在这个临界点上，投机需求会突然变大，从而使固定汇率制度提前崩溃。换言之，固定汇率极易受到突然的投机攻击。

克鲁格曼模型中的重要假定包括：

（1）一国的国际收支赤字和货币危机，是由该国政府执行过度扩张的财政政策和货币政策导致的，扩张的货币政策主要是为了给财政赤字融资。

（2）在固定汇率制下，政府有干预外汇市场的义务，但政府赖以支撑固定汇率的主要资源是自有的外汇储备，模型不考虑借入储备。

（3）没有资本管制，货币可自由兑换，资本可自由流动。

以上几点，可以说正是当时拉丁美洲国家的经济环境与政府政策的现实写照。政府公布了激进的发展蓝图，为此不得不实行激进的财政货币扩张，继而对外汇储备构成压力。图10-1描绘了这个过程。

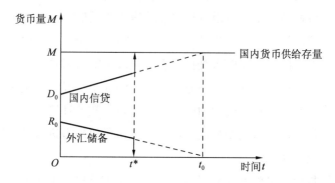

图 10-1　投机与国内信贷及外汇储备的变化轨迹

假定国内货币乘数为1，那么国内货币供应 M 就是国内信贷 D 与该国外汇储备 R 之和。外汇储备由国际收支差额决定，政府的扩张经济政策只能通过扩张国内信贷 D 进行。但是，国内信贷扩张给本币造成贬值压力，为了维持固定汇率，政府只能抛出外汇储备。结果就是随着国内信贷的增加，外汇储备相应减少，如图10-1所示。如果情况持续下去，那么到了 t_0 时刻，外汇储备会下降到0，固定汇率制度必然崩溃，货币危机不可避免。

而从现实中的危机来看，危机真正爆发的时间 t^* 要早于 t_0，这主要是因为随着政府外汇储备的下降，人们越来越清楚地认识到汇率崩溃的趋势不可避免，抢购外汇突然成了爆发式的群体行为，导致外汇消耗曲线突然下折。

从历史经验来看，克鲁格曼的国际收支危机模型能够为20世纪80年代的拉美债务危机提供较好的解释。而且经济学家塞巴斯蒂安·爱德沃兹（Sebastian Edwards）在1995年的研究中，归纳了1954—1975年共87次货币危机的共同特征，发现了财政赤字与货币危机之间的高度相关关系，这进一步验证了克鲁格曼模型的合理性。在第一代货币危机模型里，即便将资本开放假设改为资本控制，在扩张性政策下，货币危机还是会随外汇储备的耗竭而发生。

二、第二代货币危机模型——预期模型

在第一代货币危机模型中，货币危机的诱发因素通常是过度扩张的财政政策和货币政策，然后就是国际储备的逐渐耗竭。国际储备被逐渐消耗掉后，固定汇率制度崩溃将不可避免，投机攻击只是促使危机提前爆发。该模型假定，政府赖以维持固定汇率的手段，主要是自有外汇储备。那么，根据这个逻辑，参加欧洲汇率机制（ERM）的欧洲发达国家，在1992年就不应该出现货币危机，因为它们并不存在严重的国际收支问题，而且外汇储备也比较充足，实际上外汇储备对这些发达国家也并不构成一个很硬的约束，它们不仅可以很容易从国际资本市场借入所需外汇，而且同时这些国家的货币本身就是国际硬通货，如英镑、法郎。但危机还是发生了，对此第一代货币危机模型显然不能给出有效的解释，这就促成了第二代货币危机模型的诞生。

在第二代货币危机模型中，货币危机更多地表现为政府在面对市场预期和投机冲击时，会权衡宏观经济政策的成本和收益，会主动或被动做出符合政府自身效用目标函数的政策改变。在这里，固定汇率能否维持或者投机攻击能否成功，最关键的因素是政府的政策选择、政府的公信力及政府的决心。而政府的政策选择，取决于不同汇率制度转换所产生的成本收益对比及相关的国内宏观经济环境与政治环境。

那么，与第一代货币危机模型相比，第二代货币危机模型进行了哪些重大的修正并取得了哪些新的理论发展呢？

首先，第二代货币危机模型放弃了作为第一代货币危机模型中关键变量的外汇储备约束，外汇储备短缺不再是货币危机爆发的充分条件，这意味着，即便外汇储备充足，货币危机照样可以发生。

其次，与第一代货币危机模型中的政府完全处于被动的情况不同，第二代货币危机模型通过引入政府的目标效用函数，确立了政府在应对危机和选择汇率制度方面的主动地位。在面临投机攻击时，政府可动用利率、税收等多种政策手段来维护固定汇率制度，汇率制度的转换是政府在权衡相关成本收益后进行政策选择的结果。

再次，强调了国内宏观经济与政治的脆弱性对汇率制度选择的影响，以及市场贬值预期在引发危机中的自我实现功能及其对多种均衡的影响。

最后，按照第二代货币危机模型，在资本流动受到控制的条件下，投机攻击既不可能发生，也不可能成功；但在资本高度开放的条件下，投机攻击不仅可能发生，而且能够成功[①]。

该模型是通过政府的收益—成本决策优化过程建立起来的。

[①] 第二代货币危机模型有几个理论。这里主要介绍最有代表性的茅瑞斯·奥伯斯法尔德（Maurice Obstfeld）的思想。

如前文所述，欧洲这些国家本身有足够的政策手段来维护固定汇率制度，如提高短期利率、实行紧缩的货币政策等，况且外汇储备本身对这些发达国家也并不构成一个约束。该理论认为，这些国家之所以选择贬值，是因为政府会根据坚持固定汇率的成本收益来进行相机抉择。政府之所以让货币贬值，是因为此时坚持固定汇率的预期收益已经小于为此支付的代价了。那么，固定汇率制度对于政府而言的成本和收益是什么呢？

收益：维护固定汇率制度的主要收益是保持货币内外价值的稳定、交易和经营环境的稳定，以及提高政府反通胀政策的公信力。

成本：要维护固定汇率制度，通常需要通过提高利率、实行紧缩性财政政策和货币政策来达到，这就可能会进一步加剧各种社会矛盾。提高利率会使总需求萎缩，失业进一步加剧；高利率还会恶化借款人的财务状况，弱化债务人的还款能力，从而可能使脆弱的银行系统陷入危机；高利率当然还会加重政府的内债还债负担，使财政赤字进一步扩大。这些成本将使政府面临巨大的经济和政治风险，甚至有可能使政府因此而被迫下台。因此，当国内宏观经济与政治环境需要时，政府将不会排除放弃固定汇率制度的选择。

坚持固定汇率的成本也与公众预期密切相关。根据非抛补利率平价条件，一国的预期贬值率越高，维持均衡所需的国内利率水平也就越高，从而保持固定汇率的成本越大。当这种成本上升到超越了政府目标函数所能容许的范围时，政府将选择放弃固定汇率而让货币贬值，非抛补利率平价就是一个"公式化"的说明。在这种情况下，市场的贬值预期具有自我实现的特征：当市场普遍预期货币将贬值时（预期贬值率越来越大），政府发现保持固定汇率的成本越来越大，从而会放弃固定汇率；当市场普遍预期固定汇率将能够延续时（预期贬值率越来越小），政府发现保持固定汇率的成本小于收益，因而也就不会选择实行贬值。这样，两种不同的预期会产生两种不同的均衡结果：一种是公众预期贬值，政府也将选择贬值；一种是公众预期不会贬值，政府也将选择坚持固定汇率。这个机制就是"预期模型"名称的由来。

下面将进一步对该理论展开分析，看看政府是如何抉择的。为此就需要先明确收益和成本状态。

固定汇率利益线：图10-2中的 OE 为固定汇率带来的社会利益，主要就是固定汇率能够形成一个稳定的交易环境所带来的社会利益。它由水平线 E 表示。

利率成本线：过高或者过低的利率都会对经济产生不利影响。政府有一个认可的最优利率，就是图10-2中的 I_e，如果利率高于 I_e，对投资和消费形成抑制作用，带来经济发展的"成本"，利率越高，这种成本越大。类似地，如果利率低于 I_e，经济中会出现通货膨胀，这也带来经济发展的"成本"，利率越低，这种成本也越大。在这个方向上，政府也存在权衡和抉择。

于是，利率变动和相应成本的对应关系就在图10-2中表现为向上开口的"碗形"曲线。但政府必须提高利率，才能维持固定汇率，于是，提高利率以维持固定汇率的成本就和固定汇率带来的收益形成对比。当固定汇率带来的收益大于其维持成本时，政府愿意提高利率以维持固定汇率；当固定汇率的维持成本大于其带来的收益时，政府就不愿意继续提高利率，而宁可放弃固定汇率。

这样，政府对利率的容忍程度就会以利率成本线与固定汇率利益线的两个交点为界，这两个点（A 点和 B 点）就是可能的均衡点，如图 10-2 所示。

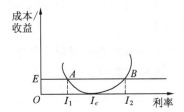

图 10-2　货币危机的预期模型（成本-收益模型）

在 A 点左边，利率低于政府所能容忍的限度 I_1，政府会放弃维持固定汇率。

当利率在 AB 之间时，利率成本线在固定汇率利益线下方，这表明在这个区间内利率变动带来的"成本"均低于固定汇率带来的收益，这时政府就愿意以利率手段维持固定汇率。

当利率上升到 B 点之右时，高利率带来的"经济成本"已经超过固定汇率带来的收益，这时政府会放弃维持固定汇率，让货币贬值。

因此，在图 10-2 中 A 点的左边和 B 点的右边，均反映了政府会放弃维持固定汇率，但是在现实中，政府通常只会在利率过高时采取行动，在利率过低时却往往不为所动。对于这一问题，可以通过考察政府的"声誉成本"给出解释，即政府太随意改变政策，会对政府信誉造成消极影响。当贬值带来的"利益"不足以弥补"声誉成本"时，政府就不会进行贬值。于是，在图 10-2 中低利率的均衡点 A 处，政府会认为不值得采取贬值政策。相较而言，高利率造成的失业和萧条却是政府不得不去努力避免的。

由上述模型可知，货币危机的发生，实际上是政府与投机者动态博弈的过程和结果。特别是在国内宏观经济不够稳健的情况下，国际投机热钱的攻击和逐渐加剧的货币贬值预期，往往使政府捍卫汇率平价的努力功亏一篑。由此，也体现出了第一代货币危机模型与第二代货币危机模型的一个重大区别，即第一代货币危机模型主要侧重于外部平衡和突出强调那些直接导致固定汇率制度崩溃的基本经济因素，如经济扩张政策、外汇储备耗尽等。而第二代货币危机模型则侧重于与内部均衡有关的成本-收益决策。

三、两代半模型[①]——道德风险模型

克鲁格曼认为，东亚国家的货币危机，只是这些国家国内经济内在矛盾的表现，因

---

① 关于"两代半"的概念可参见本章"知识拓展"。

为早在这些国家货币贬值之前,这些国家已经出现了一个资产价格急剧膨胀(泡沫形成)和急剧下跌(泡沫破裂)的过程。他认为,之所以会出现这种狂涨狂跌的过程,主要是因为这些国家的银行和企业财阀被政府作为实施经济发展战略的工具,它们与政府有着千丝万缕的联系,享受着事实上的政府担保,这种隐性的政府担保使其能很容易地从国际市场借入资金,同时又使它们有极强的动力进行过度放款和过度投机,从而促成金融泡沫。而当金融泡沫破灭时,银行的巨额呆坏账使政府担保难以兑现,银行危机和银行恐慌引发大规模资本抽逃,其结果便是国际收支的恶化和固定汇率制度的崩溃,或者是浮动汇率制下货币的过度贬值。

克鲁格曼的模型假定金融机构本身直接从事高风险投资,也假定有政府隐性担保的众多机构之间的恶性竞争促使资产价格出现狂涨,并最终上升至资产价格本身可能实现的最大值,克鲁格曼将此价格最大值称为盘损值(Pang-loss Value)。

克鲁格曼以土地投机为例建立了一个简单模型。在一个期限为 2 期的模型里,有一块土地在第 1 期出售,在第 2 期实现一个确定的租金。这样,第 1 期的土地价格取决于第 2 期可能产生的租金。假定租金为 100 元的概率是 1/3,为 25 元的概率是 2/3,同时假定不考虑资金的时间价值,即假定利率(贴现率)为零,则一个风险中性的投资者在第 1 期愿意支付的土地价格为 50 元:

$$50 = 100 \times \frac{1}{3} + 25 \times \frac{2}{3}$$

但对于政府担保下"赚了归自己,亏了有国家"的机构来说,只要土地价格低于 100 元,它就有利可图。现在假定有众多这样的机构,土地价格就必然因为它们之间的竞争而被抬到它的盘损值 100 元,这也就是这块土地在最好情况下能实现的最高价格,这多出的 50(100-50)元就是一种资产泡沫。

现在把模型扩展至 3 期,假定第 3 期的租金同样为 100 元的概率是 1/3,为 25 元的概率是 2/3,而且第 3 期的租金分布与第 2 期独立,同样也不计利率。假定在没有政府担保时,该土地的价格应等于第 2 期的预期租金 50 元加上第 2 期的预期转手价,而第 2 期的预期转手价又是由第 3 期的预期租金水平决定的,同样只能是 50 元。这样,一个风险中性的投资者在签约时就愿意为这样一块土地在使用期共支付 100 元。

可是,如果有政府担保,则土地在第 2 期的转手价就会被抬至 100 元而不是 50 元,相应地,土地在第 3 期的总价格就会被抬至 200 元,仍然会出现 100% 的泡沫。如果第 2 期的租金只有 25 元,政府就得承担 75 元的亏损;如果第 3 期的租金还是 25 元,政府又得另外承担 75 元的亏损。如果将模型扩展至无限期的情形,则在政府担保下,必须由政府承担的金融机构亏损将会无限大。

但由于政府财力终归是有限的,而且在一个法治社会里,国家动用纳税人的钱去拯救和保护私有的金融机构会面临许多障碍,这样两代半模型一般假定政府的担保只能提供一次,从而银行的亏损将产生连锁反应,导致市场预期恶化,引发银行恐慌和银行挤兑，在资本开放情形下将导致大规模的资本抽逃，并最终使银行危机演化为货币危机。

这里介绍的克鲁格曼模型十分简单，但是也足以说明在政府隐含担保下，国内金融机构的道德风险和外国资本流入方的道德风险，是1997年亚洲金融危机的根本原因之一。其研究的视角虽然比较独特，但还没有取得第一代和第二代货币危机模型那样的重大理论发展与突破（所以被称为"两代半模型"）。有关货币危机的新的理论模型还在发展之中，有待进一步深入、完善和体系化。

四、货币危机的过程与后果

回顾已经发生的危机不难发现，虽然诱发危机的原因可能很多，诱发事件的表现也可能有很大差异，但是危机的过程和后果基本上大同小异。在这一点上，第一代货币危机模型的意义反而特别彰显，那就是：危机过程一定伴随着对本币资产的抛售、资金大量外流，与此同时本币也必然大幅贬值。这就自然会出现两个逻辑上的必然结果：一方面，由于资金外流，本国流动性枯竭，经济单位陷入困境，急需资金救援；另一方面，本国货币大幅贬值，意味着本国资产在国际资金面前处于极度低估的状态，给外资进入提供了大好的机会。危机造就了主客双方"一拍即合"的场景。

外资的进入会逐步缓解该国的流动性短缺问题，经济也会逐步恢复。这时人们会发现，经济的所有者结构也在悄然变化。与货币危机发生前相比，已经有更多的股份被外国投资者持有，该国在新的国际经济和分工格局中的位置及角色也都会出现各种程度的变化。

知识拓展

各种"危机"概念释义

金融危机概念有广义与狭义之分，而且在金融危机这一范畴下还有一系列具体而不同的危机概念。在这里根据具有权威性的《新帕尔格雷夫经济学大辞典》中有关词条的释义，对金融危机所包含的各种类型危机的特征做如下辨析。

1. 广义的金融危机

广义的金融危机是相对于经济危机而言的，泛指发生于金融过程和金融领域的危机，它包括银行危机、股市危机、房地产危机等狭义的金融危机，还包括货币危机、支付危机（国际收支危机）、债务危机等。

2. 狭义的金融危机

狭义的金融危机是金融系统中爆发的危机，它集中表现为全部或大部分金融指标急剧地、短暂地和超周期地恶化，这些恶化的金融指标包括短期利率、证券、房地产、土地等资产的价格、企业破产数、金融机构倒闭数等。

3. 货币危机

货币危机的根源在于市场参与者由于对某种货币丧失信心而在外汇市场上大量全面地抛售该货币，转而购买其他坚挺的货币，其通常的表现是促使被抛售的货币经历大幅度的贬值或被迫放弃固定汇率制。

4. 债务危机

债务危机是指无法偿还到期债务的危机。国际间的债务危机是指债务国无力偿还其到期的国外债务的危机。

5. 支付危机

支付危机意味着无法履行支付义务，国际支付危机就是一国无法履行其支付外国货币的支付义务所引起的危机。国际支付危机可能是由国际债务问题引起的，也可能是由国际收支问题引起的，或者是二者共同引起的。

6. 经济危机

与广义的金融危机相对应的经济危机，是指市场经济运行过程所受到的猛烈冲击，它突出地表现为由于破产或金融上的重大崩溃而使大批企业被清算，从而导致市场经济运行过程处于有可能中断的境地。经济危机的深层表现则是社会的生产和流通过程由于销售和总需求的急剧萎缩而陷入混乱。一般而言，经济危机可以由金融危机引起，即金融危机是因，经济危机是果。经济危机是金融危机在实质经济领域的表现。但经济危机可以反作用于金融危机，通过恶化银行等金融机构的财务状况而使金融危机进一步恶化。

综上所述，金融危机的各种类型各有特点，并不能完全等同。但它们之间又互相紧密联系，无法截然分开，而且实际上各种危机类型可以互相转化，出现的危机甚至常常是多种危机的并发。但货币危机与金融危机是不能完全等同的。比如，20 世纪 80 年代末 90 年代初美国的贷款储蓄协会破产事件，实质上就是金融危机而不是货币危机；1992 年欧洲汇率机制危机实质上是货币危机而不是金融危机；1995 年美元的大幅度贬值实质上是货币危机而不是金融危机；从 20 世纪 90 年代持续至今的日本危机实质上是金融危机而不是货币危机；而 1994 年的墨西哥危机和 1997 年的东南亚危机实质上是货币危机和金融危机的并发；后来的美国次贷危机和欧债危机顾名思义不是货币危机。

除了克鲁格曼还有谁？

1997 年亚洲金融危机的爆发，使第一代和第二代货币危机模型受到了严重的挑战，因为它们不能对危机的爆发做出事前的预测，而至多能够差强人意地做出多少带有牵强色彩的事后解释。比如，有些文献引用泰国的高估汇率和经常项目赤字作为第一代货币危机模型继续使用的依据，有些文献则以韩国的高额短期外债作为第二代货币危机模型继续使用的依据。但明显的事实是，亚洲金融危机使亚洲经济中长期存在并被所谓"亚洲经济奇迹"掩藏的诸多问题暴露在阳光之下，这些问题或是第一代货币危机模型中所包含的作为反映货币危机主要指标的货币和财政扩张及收支平衡问题，或是第二代货币危机模型中所包含的作为经济脆弱性来源的经济增长缓慢和国内金融混乱问题，它们基本上是作为既定事实被包含在第一代和第二代货币危机模型之中，从而使这些模型对诸如亚洲金融危机之类的所谓"新金融危机"只能做事后的解释。这样，新问题、新挑战便催生了新理论。

实际上，在20世纪80年代末和90年代初关于美国储蓄贷款协会破产危机的理论研究中，就有从金融机构面临的风险层面来对金融危机根源进行考察的新视角，这一理论上的发展，为探讨发展中国家的金融危机提供了新思路，从而为第三代货币危机模型的发展奠定了理论基石。尽管第三代货币危机模型尚在发展之中，但已取得相当重要的阶段性成果，其代表性人物主要有：罗纳德·I. 麦金农、休·皮尔（Huw Pill）、迈克尔·P. 杜利和保罗·R. 克鲁格曼。

麦金农的开拓性贡献主要在于他首先研究了发展中国家的存款担保（显性或隐性）与过度借债之间的关系。而杜利和克鲁格曼则把亚洲金融危机归因于"裙带资本主义"和"政府的隐含担保"。但在有关第三代货币危机模型的众多文献作者中，最具代表性且最著名的还是当推克鲁格曼。

1. 国际资金流动对一国经济的内外均衡会产生怎样的冲击？
2. 三代货币危机模型分别是在怎样的背景下建立的？各自的主要观点是什么？
3. 请讨论亚洲金融危机在泰国、韩国、中国香港等地的表现。

主要参考文献

1. 冯金华,徐长生. 后凯恩斯主义理论的发展[M]. 武汉:武汉大学出版社,1997.
2. 高鸿业,吴易风. 研究生用西方经济学:微观部分[M]. 北京:经济科学出版社,1997.
3. 何泽荣. 中国国际收支研究[M]. 成都:西南财经大学出版社,1998.
4. 李崇淮,黄宪,江春. 西方货币银行学[M]. 2版. 北京:中国金融出版社,1998.
5. 姜波克,傅浩,钱钢. 开放经济下的政策搭配[M]. 上海:复旦大学出版社,1999.
6. 姜波克,陆前进. 汇率理论和政策研究[M]. 上海:复旦大学出版社,2000.
7. 姜波克. 国际金融新编[M]. 3版. 上海:复旦大学出版社,2001.
8. 李冬来. 巴塞尔委员会及巴塞尔协议[J]. 国际资料信息,2007(5):8-11.
9. 饶余庆. 现代货币银行学[M]. 北京:中国社会科学出版社,1983.
10. 宋承先,陈招顺,张荣喜. 当代西方经济思潮[M]. 长沙:湖南人民出版社,1986.
11. 王光伟. 资产积累的来源、途径及配置效果:中国积累问题的现实分析[M]. 西安:陕西人民出版社,1993.
12. 王光伟. 中国金融体制改革焦点问题研究[M]. 上海:复旦大学出版社,2003.
13. 吴晓灵,沈炳熙,王艳娟,等. 新一轮改革中的中国金融[M]. 天津:天津人民出版社,1998.
14. 奚君羊. 国际储备研究[M]. 上海:上海财经大学出版社,1998.
15. 邢毓静,巴曙松. 经济全球化与中国金融运行:中国加入WTO面临的机遇与挑战[M]. 北京:中国金融出版社,2000.
16. 易纲. 中国的货币、银行和金融市场:1984—1993[M]. 上海:上海三联书店,上海人民出版社,1996.

17. 周慕冰. 西方货币政策理论与中国货币政策实践［M］. 北京：中国金融出版社，1993.

18. 马之骃. 发展中国家国际储备需求研究［M］. 上海：华东师范大学出版社，1994.

19. 尚平顺，严彩郡. 中国外汇体制改革理论与实践［M］. 北京：中国经济出版社，1995.

20. 刘光灿，孙鲁军，管涛. 中国外汇体制与人民币自由兑换［M］. 北京：中国财政经济出版社，1997.

21. 钟伟. 国际储备体系探析［J］. 中国外汇管理，2002（10）：8-11.

22. 乔羽. 新《巴塞尔协议》下我国国有商业银行资本管理问题研究［D］. 北京：首都经济贸易大学，2004.

23. 钟伟. 论中国国际储备的适度规模［J］. 财经研究，1995（7）：47-49.

24. 栗书茵. 论适度国际储备量的确定［J］. 中央财经大学学报，2000（4）：52-55.

25. 窦祥胜. 国际收支调节与国际储备需求的经济分析［J］. 财经研究，2002（3）：33-38.

26. 希林. 通货紧缩［M］. 刘锡良，张庆，张静梅，等译. 成都：西南财经大学出版社，2000.

27. 克鲁埃格. 汇率决定论［M］. 张志超，杨知华，何东，译. 北京：中国金融出版社，1990.

28. 肖. 经济发展中的金融深化［M］. 邵伏军，许晓明，宋先平，译. 上海：上海三联书店，1988.

29. 摩根. 货币学派与凯恩斯学派：它们对货币理论的贡献［M］. 薛蕃康，译. 北京：商务印书馆，1984.

30. 里维里恩，米尔纳. 国际货币经济学前沿问题［M］. 赵锡军，应惟伟，译. 北京：中国税务出版社，北京腾图电子出版社，2000.

31. 莱德勒. 货币需求：理论、证据和问题［M］. 戴国强，译. 上海：上海三联书店，1989.

32. 弗里希. 通货膨胀理论［M］. 费方域，译. 北京：商务印书馆，1992.

33. 多德，刘易斯. 金融与货币经济学前沿问题［M］. 陈雨露，王芳，译. 北京：中国税务出版社，2000.

34. 麦金农. 经济发展中的货币与资本［M］. 卢聪，译. 上海：上海三联书店，1988.

35. 迈耶，杜森贝里，阿里贝尔. 货币银行经济学［M］. 上海社会科学院世界经济研究所国际金融研究室，译. 上海：上海译文出版社，1989.

36. 帕尔伯格. 通货膨胀的历史分析 [M]. 孙忠, 译. 北京: 中国发展出版社, 1998.

37. 希克斯. 凯恩斯经济学的危机 [M]. 杨志信, 译. 北京: 商务印书馆, 1979.

38. 格利, 肖. 金融理论中的货币 [M]. 贝多广, 译. 上海: 上海三联书店, 上海人民出版社, 1994.

39. MISHKIN F S. The economics of money, banking, and financial markets [M]. 10th ed. New York: Pearson Education, Inc., 2013.

40. FRIEDMAN M. The optimum quantity of money and other essays [M]. Chicago: Aldine Publishing Co., 1969.

41. FRIEDMAN B M, HAHN F H. Handbook of monetary economics [M]. Amsterdam: North-Holland Publishing Co., 1990.

42. ALLEN P R, KENEN P B. Asset markets, exchange rates, and economic integration [M]. Cambridge: Cambridge University Press, 1980.

43. CORDEN W M. Inflation, exchange rates, and the world economy [M]. Oxford: Oxford University Press, 1977.

44. CHIANG A C. Fundamental methods of mathematical economics [M]. New York: McGraw-Hill, Inc., 1967.

45. KRUGMAN P R, OBSTFELD M. International economics: theory and policy [M]. Boston: Addison-Wesley, 1997.

46. NEWMAN P, AILGATE M, EATWELL J. The new palgrave dictionary of money and finance [M]. London: Macmillan Publishers Limited, 1992.

47. GANDOLFO G. International economics Ⅱ: international monetary theory and open-economy macroeconomics [M]. New York: Springer-Verlag Berlin Heidelberg, 1987.

48. HALL R E. Inflation: causes and effects [M]. Chicago: University of Chicago Press, 1982.

49. KRUGMAN P. A model of Balance-of-Payments crises [J]. Journal of Money, Credit and Banking, 1979, 11 (3): 311-325.

50. DIAMOND D W, DYBVIG P H. Bank runs, deposit insurance, and liquidity [J]. Journal of Political Economy, 1983, 91 (3): 401-419.

51. OBSTFELD M. Rational and self-fulfilling Balance-of-Payments crises [J]. American Economic Review, 1986, 76 (1): 72-81.

52. OBSTFELD M. The logic of currency crises [M] // EICHENGREEN B J, FRIEDEN J A, HAGEN J V. Monetary and fiscal policy in an integrated Europe. New York: Springer-Verlag Berlin Heidelberg, 1995: 62-90.

53. GOLDSTEIN M, TURNER P. Banking crises in emerging economies: origins and

policy options [R]. Basle: Bank for International Settlements, 1996.

54. ANONYMOUS. The economic situation: the home economy [J]. National Institute Economic Review, 1966 (36): 4-20.

55. AGARWAL J P. Optimal monetary reserves for developing countries [J]. Review of World Economics, 1971, 107 (1): 76-91.

56. MARSTON R C. Interest arbitrage in the Euro-currency markets [J]. European Economic Review, 1976, 7 (1): 1-13.